快书写，慢思考

好创意大爆发的28个技巧

［美］马克·李维（Mark Levy）/ 著　廖建容 /译

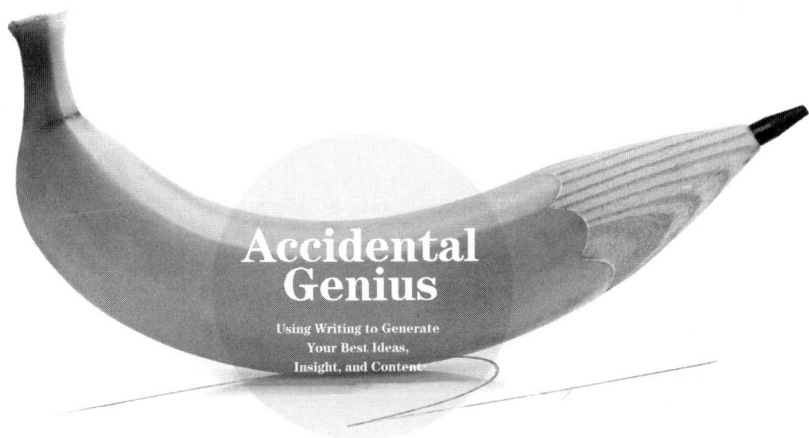

Accidental
Genius

Using Writing to Generate
Your Best Ideas,
Insight, and Content

CNS 湖南文艺出版社
HUNAN LITERATURE AND ART PUBLISHING HOUSE

博集天卷
CS-BOOKY

图书在版编目（CIP）数据

快书写，慢思考 /（美）马克·李维（Mark Levy）
著；廖建容译 . — 长沙：湖南文艺出版社，2018.11
书名原文：Accidental Genius
ISBN 978-7-5404-8863-5

Ⅰ . ①快… Ⅱ . ①马… ②廖… Ⅲ . ①工作方法—通
俗读物 Ⅳ . ① B026-49

中国版本图书馆 CIP 数据核字（2018）第 229623 号

著作权合同登记号：18-2018-238

Copyright © 2010 by Mark Andrew Levy
Copyright licensed by Berrett-Koehler Publishers
arranged with Andrew Nurnberg Associates International Limited

上架建议：心理励志

KUAI SHUXIE, MAN SIKAO
快书写，慢思考

作　　者：［美］马克·李维（Mark Levy）
译　　者：廖建容
出 版 人：曾赛丰
责任编辑：薛　健　刘诗哲
监　　制：蔡明菲　邢越超
特约策划：李　荡
特约编辑：尹　晶
版权支持：辛　艳　金　哲
营销支持：傅婷婷　张锦涵　文刀刀
版式设计：李　洁
封面设计：红杉林文化
内文排版：百朗文化
出版发行：湖南文艺出版社
　　　　　（长沙市雨花区东二环一段 508 号　邮编：410014）
网　　址：www.hnwy.net
印　　刷：北京嘉业印刷厂
经　　销：新华书店
开　　本：880mm×1230mm　1/32
字　　数：180 千字
印　　张：7.5
版　　次：2018 年 11 月第 1 版
印　　次：2018 年 11 月第 1 次印刷
书　　号：ISBN 978-7-5404-8863-5
定　　价：42.00 元

若有质量问题，请致电质量监督电话：010-59096394
团购电话：010-59320018

书写这个动作本身就可以激发灵感。

因此，当你想不出可写的东西时，动手写就对了。

芭芭拉·费恩·克劳斯

Barbara Fine Clouse

《随心所欲：关于作者的疑难解答指南》（*Working It Out: A Troubleshooting Guide for Writers*）作者

第二部分
有力的精进与改变

5

第三部分
公开发表

序言

你的头脑
比你所想的还厉害!

我们来谈谈你的脑袋瓜子吧。它所装载的经验、故事、印象与想法，比你想象的还要多很多。要证据吗？只要想想那些浮现在你脑海中的东西，有多少并不是在你的意志指挥下出现的就知道了。

以做梦为例，你并没打算要做梦，或是刻意要做一个超现实的梦，但这些梦境就是会自己跑出来。

记忆也有类似的运作模式。当你在厨房正煮着汤时，脑海里突然想起童年时期的某一天，全家人一块吃牛排的事情。你并非刻意要想起这段回忆，但它就是不请自来。

其他类型的思绪也会不请自来。当你塞在车阵中时，突然灵光一闪，想出了解决电脑问题的方法。这到底是怎么发生的？你并没有在思考那个电脑问题，但是不知怎的，你的脑袋却自己想出了解决方法。

那些梦境、回忆与思绪并非来自外界，而是你通过自己没有意识到的某些方式创造出来的。

我们的脑子里，装载了庞大的思绪与知识，假如我们能够加以掌握、深入思索，并将其引导入实用之途，那么这些惊人的无形资产，将可以帮助我们创造出无限的点子和问题解决之道。

这就是本书的目的：**教你善用原本已在脑中的东西，将思绪的原料变成实用的方法，甚至是非凡的点子。**

我要如何帮助你得到这些非凡的点子呢？我所提出的方法，就是书写。说得更精确一点，就是自由书写（free writing）。

自由书写是我所知最有价值的技巧。通过这种方法，你将运用身体的机械性动作来超越大脑的反应，让大脑发挥更大的效用。

尽管人类大脑的容量与作用如此神奇且惊人，但它同时也非常懒惰。它会重复运用旧的思绪，采取既有的思考途径，避开不熟悉和令自己不安的领域。我们可以说，大脑的主要工作之一就是停摆，即使是在我们有重要的东西需要思考的时候。

而自由书写可以避免这种情况发生。它可以促使大脑进行更长久、更深入以及更突破传统的思考。只要遵循几项能够释放自我的自由书写原则，你就可以强迫你的大脑产生新的想法。你可以称自由书写为一种强迫性的创造力。

即使你自认不是天生的作家或思想家，这个技巧仍然对你有帮助。因为书写本身就可以产生想法，这也是为什么有些人将此技巧称为"自动书写"。它往往可以让书写者不费吹灰之力，就创造出超越平常的结果。有时候，想法和点子似乎是自己跑出来的。

■ 我是怎么开始接触自由书写的

大约是在 1995 年，有一天，一位在地方性娱乐报刊担任编辑的朋友打电话给我。他告诉我，我最崇拜的摇滚明星保罗·韦勒（Paul Weller）就要到纽约市来表演了，他问我想不想要一张免费的入场券。

我想不想要？这位英国歌手已经多年没到美国巡演了，谁知道他下次来会是什么时候？我当然想要入场券啊！但天下没有白吃的午餐，代价是我必须为这位朋友的报社写一篇关于演唱会的评论。

写一篇演唱会的评论看似没什么大不了的，但问题是我已经有很多年没写东西了。我知道怎么写吗？就算我还能写，但要如何描述音乐呢？（鼓声砰砰作响？）尽管心中有所疑虑，我还是接下了这份工作。

距离演唱会还有一个星期的时间，为了做些准备，我从书架上取下那本我一直找不到时间看的书：彼得·埃尔伯（Peter Elbow）的《魅力写作》（Writing with Power）。这本书开头写了一句令人热血沸腾的话：**即使你认为自己遭遇瓶颈，肠枯思竭，你仍然有办法文思泉涌。** 几年前我买下它时，就想象会有派上用场的一天。你知道的，凡事总是要以防万一。

《魅力写作》中提到的一个主要技巧，就是自由书写。我在上高中时就接触过自由书写。那时候，每当老师要处罚同学太吵闹，或是老师们想去休息室抽根烟时，就会要我们进行自由书写。因此，对我来说，自由书写只是一种打发时间的无意义活动。

然而，埃尔伯对自由书写的看法，与我的高中老师们截然不同。对埃尔伯来说，自由书写是种多功能的工具，它可以找到大脑深处的源头，帮助我们创作出文字和想法，写出论文、诗歌与故事，并且挖掘出真诚且发人深省的真实声音。

埃尔伯是在多年苦思出路不得的情况下，开始接触自由书写的。而从《魅力写作》的分量看来（全书384页，字号相当小，注解的字号又更小），他的写作灵感已如滔滔江水般势不可挡。自由书写的技巧帮助他文思泉涌。他的例子让我深受激励。

演唱会结束后，我运用自由书写完成了任务。然后，我那位编辑朋友又给了我更多的工作。接下来，我也开始为其他的报纸杂志写东西。在我进行这些工作时，常会发生一件有趣的事。

每当我依循原则，运用自由书写的技巧针对特定主题寻找灵感时，总会不由自主地偏离主题。我的思绪往往会跳到与我的正职（图书经销的业务经理）相关的问题上来。当我应该为某个电视节目撰写一篇评论时，我的思绪会乱窜，开始写起公司的运营前景。当我正在写某个朋克摇滚明星时，我所写出的内容却转向如何训练某个令人头痛的员工。

不过，到最后我都能如期完成该交付的稿子，而且时常也一并解决了我在生活其他方面所面临的问题。出乎意料地，我成了自己的顾问。

运用自由书写所达到的成果令我大为惊喜，于是我开始寻找这方面的书籍，希望能够更上一层楼。结果，我找到了很多运用自由书写来提高写作技巧的书，却找不到任何一本运用自由书写来解决工作上的问题的书。

最后我决定，假如我想知道这样的一本书可以教我些什么，我就得自己把它写出来。于是，我开始编写内容，完成了你现在看到的这本书。

第一版于2000年推出。在那之后，我创立了一家策略营销顾问公司，并且把自由书写的技巧应用在每个我所承接的营销策划案中。

■ 自由书写可以带给你什么样的帮助

自由书写是一种快速的纸上思考模式，它可以让你得到平常难以达到的思考成果。

这个技巧可以帮助你深入了解自己、看见可能的机会与选择、解决问题、激发灵感，以及做出决定。它将有助于提高你的创作质量，不论是内容还是写作风格。

在本书中，我会以工作上遇到的难题为实例，其中包括策略、营销、产品定位、业务、商业书写等方面的问题，示范如何进行自由书写。

现实生活中，你可以运用这个技巧，在任何你想得出来的领域，探索整理自己的想法，诸如：世界大事、政治、科学、健康医疗、数学、都市规划、建筑、工程、心理学、哲学、社群媒体、美食、娱乐与运动等等。

因此，假如你正想要厘清与他人合伙创立的事业该采取什么样的组织架构，自由书写可以帮助你找到答案。此外，你也可以运用这个方法来思考财务平衡的问题、解决学区爆满问题、成立社区守望相助组织、开发电玩游戏、撰写博客文章、改善人际关系、筹划派对、规划假期、设计健身计划、开发新食谱。

当你漫无目的时，你甚至可以利用自由书写来帮自己找到目标。

你现在看到的这本书，是经过增订与修改的第二版。当我着手编修这本新版书时，我询问了第一版书的读者及其他作家，自由书写对他们有什么帮助。以下是他们的回答（经过重述）：

自由书写可以……

· 厘清思绪

· 带来明确感

· 提供不同的观点与视野

· 帮助你清楚阐释自己的想法

· 让你看清楚自己是谁，以及想要做什么

· 帮助你做出与同侪不同的思考

· 带给你力量

· 让你想起遗忘的知识

· 让你以真诚的方式写出感动读者的东西

· 产生对他人的同理心

· 减少对思考与书写的抗拒

· 激发创造力

· 激起创意的连锁效应

· 想出其他人想不出来的点子

· 让你坦诚面对自己不为人知的一面

· 提高你的自信心

· 让你感到振奋

· 帮你找到重心与焦点

· 持续且没有压力地建立起责任感

■ 本书的架构

本书分为三个部分。

在第一部分，你将学到自由书写的六个诀窍。第二部分会探索运用自由书写激发创意与解决问题的方法。在第三部分，你会学到如何运用自由书写来撰写那些将要公开发表的文字，如博客文章、演讲稿，甚至是书稿。

这些部分我们稍后都会深入探讨。

至于新版书与第一版书有什么不同，我们可以从四个方面来看：

一、将"私人书写"改为"自由书写"

在第一版书中，我教读者"私人书写"（private writing）。在新版书中，我教的是"自由书写"。这两个版本所教授的技巧是相同的，为何我要改变用词呢？

创作第一版书时，我坚决反对人们把自己写的探索式内容与他人分享。为什么？因为我认为，当人们知道自己所写的东西会被拿来与别人分享时，他们写出来的语句就会有所调整。也就是说，他们不会深入大脑中最原始、最诚实的部分，而是停留在表层，回归平时惯用的合乎常理且谨慎小心的想法。

为了强调我坚持个人写作隐私的主张，我借用了埃尔伯与帕特·贝拉诺夫（Pat Belanoff）的用语，并将此技巧称为"私人书写"。一切都很顺利，直到我开始教导客户运用这个技巧时，才发现事情并不像我所想的那样。

当我们试着找寻市场定位或是制造宣传噱头时，我会请他们当场进行一小段的私人书写，以打破他们的惯性思考。我告诉他们，他们写出来的东西只是素材，只作为我们稍后讨论的题材而已，不必拿给我看。

结果，那些客户不理会我的提醒，反而兴冲冲地把所写的内容大声念出来。每次皆然，毫无例外。我不怪他们，因为他们对自己写出来的东西满怀信心。他们写出来的点子往往极具突破性，文字用语也有其独特的魅力。这些书写内容最后也常会出现在他们的著作和演讲稿里，或是公司网页与社交媒体网站上。

因此，"私人书写"这个词似乎越来越不符合实际状况。没错，书写一开始是极为私密的行为，而且你绝对可以假设你所写的一切会永远保持私密性，不会被其他人看到。然而，在你运用书写探索自己的思绪之后，也许可以考虑将其中某些部分对外公开发表。

因此，新旧版书之间的第二项差异是：

二、加入关于"公开发表"的内容

新版书中加入了一个新的单元：公开发表。这个部分包含七大章，我使用数万字来说明，如何将通过自由书写所得到的想法与文章加以发表。这个单元可以帮助你迈向杰出领导者甚至是大师之路。它也可以帮助你运用书写的内容与他人一起进行头脑风暴，以及撰写著作、报纸杂志文章、网络文章和简报。这个部分包含以下章节：

《与他人分享未臻成熟的想法》这一章教你领略"聊天式书写"的乐趣。也就是说，由你先针对某个想要解决的问题尽情地进行自由书写，然后将此未经修饰的内容拿给其他人看，请求对方的协助，或是一同讨论。我时常运用聊天式书写，即使在我不完全确定自己的思考方向时，也是如此。有时候，光是把这些拼贴式的文字凑在一起，就可以让你得到解答。

《帮助他人发挥思考能力》这一章让你知道如何带领同事与客户，通过自由书写来突破瓶颈，得到源源不绝的灵感。

《随时留心身边发生的故事》这一章提到了我时常在其他作家身上观察到的一个现象：当你开始固定发表一些文字，不论是著作、博客或是其他的东西，你就会用不同的眼光来看待这个世界。所有的一切都成为你写作的素材。你也会开始以描述的方式进行思考。这个世界因此变得更有趣，也更有意义。

《建立点子数据库》这一章说明了我如何将自由书写的内容裁切成各个小块，然后将这些小块加以归类，放入电脑的不同文件夹里。通过这种方式，我永远找得到新的题材。这有点类似松鼠为冬天储存松果的概念。

《为自己量身打造一套规则》这一章强调，制定一套适合自己的规则是非常重要的一件事。这种做法有助于你快速写出东西，并且让你不会离题。

《从自己着迷的事物着手》是我最喜爱的一章。当人们想要写一本书时，他们往往会先看看市场的状况，但这种做法只会导致另一本人云亦云的书籍问世。相反地，他们应该注意的是自己始终着迷的那些事物：故事、想法、观察心得、电影等等。一旦他们找到主题后，就可以运用此题材，创作出一本独一无二而且极具个人识别度的作品。

《自由书写直到作品完成》这一章首先探讨杰夫·贝尔曼（Geoffrey Bellman）如何由探索性书写，切入书籍著作的撰写，接着谈到我如何结合自由书写得到的多个点子，完成一本著作。

三、新增自由书写时可采用的思考技巧

新版书包含了七个新增的章节，介绍了自由书写时可以采用的思考技巧：

《放下自己的聪明才智》这一章讨论到，我们往往会因为脑子里的抽象概念而作茧自缚。解决方法之一，是列出实际状况的客观事实。这个做法很简单，而且能够让你的注意力集中在真实世界的具体事物上。

《抽离的价值》这一章教你如何收集点子，并评估这些点子是否具有价值，然后将这些点子当作敲门砖，开启未来重要问题的解答。

《运用引导句》这一章告诉你如何让脑子朝着预期之外的方向思考，让脑筋做做暖身操。

《突破既有的假设与概念》这一章一开始，我会先讲述一个有趣的亲身经历的故事，接下来探讨几个你可以用来让自己避开思绪阻塞的方法。

《一百个点子比一个点子更容易取得》这一章讲的是，我们大多数人习惯玩"想出完美的点子"的游戏。然而，事实上，更能解放我们大脑的，是"想出很多点子"的游戏。

《学习爱上说谎》这一章提到，当问题存在于一个封闭而且一成不变的情境中，你该如何想出一条活路。在这样的情况下，你必须改变自己看

事情的方式，而对自己说谎就是其中一个方法。你可以谎称某件事，然后依照这样的状况推演下去，看看会得出什么结果。通过这个想象力游戏，你有可能得到有趣且实用的解答。

《书写马拉松》这一章提到，连续进行多段自由书写，并且持续六七个小时，可以让你完全摆脱惯性思考的模式。在每段自由书写中，你必须强迫自己朝一个新的方向去思考——这个做法原本很困难，但通过自由书写可以比较容易达成。

四、删除部分章节

为了要加入新的题材，我把第一版中的八个章节删除了。那些被删除的章节并没有什么问题，只是我想用更棒的内容加以取代，因为我在第一版书出版后，又学到了许多新的东西。

■ 如何修改自己十年前所写的书

其实我本来并没有修改书稿的打算。然而，当出版社向我提出这个建议时，我心想：有何不可？这会有多难？反正书的内容大部分在1999年就写好了。对我而言，重新修改就像是作弊抄写自己前一版的内容一样。

于是，他们将第一版内容的电子文件发给我。我把文件打开，看了一下……然后，整个人惊呆了！

当我看到那些文字以后，我才了解这个修改的工程有多庞大。在担忧了几天之后，我决定用我所知最好的方法开始进行：自由书写。

自从第一版问世之后，针对写作和思绪整理，我开了一些自由书写的课程。特别是，当我为客户提供实际的咨询服务时，他们会受到激励并因此产出好的结果。我在想，我当时说了些什么？做了什么？而我又从他们身上学到了什么？

当我把这些资料收集齐全后，我列出了一个"令我着迷的事物"的清单（第二十七章），然后在我的"点子数据库"中加以挑选（第二十五章）。此外，我还访谈过几位作家以及第一版书的读者，为新版书注入不同的观点与新的故事。

我仔细研究过所有的资料，挑拣出我认为最有价值的观念与技巧，然后开始"实际"写作。

我运用了自由书写与传统的写作技巧，开始撰写初稿，章节的内容没有依照任何顺序。每当我写了六七个新的章节后，我会将自己抽离开来。

当我对新的题材产生信心后，我才敢开始处理第一版书的内容。我修饰了语句，删除了许多我认为已经不是那么重要的章节，再加入约十七个新的篇章。

自由书写，谢谢你！你从不辜负我对你的期待。当我想要躲藏起来时，你总能强迫我发挥创造力，并且成果丰富。

第一部分

自由书写的
六 大 要 点

我们每个人的内心都住着一个编辑，这个编辑的职责，就是过滤我们的想法，让我们表达出来的东西显得理性且有智慧，以符合社会对我们的期待。这位编辑帮助我们与他人和平共处，然而，同时也阻碍了我们拥有与众不同的想法，以及发挥大脑具有的强大力量。

自由书写可以强迫这位编辑暂时偃旗息鼓，让我们得以接触到原始、诚实且独特的想法。唯有这样的想法，才有可能带来重大的突破。

以下是自由书写的六个简单易用的秘诀……

秘诀一：轻松试

　　企管顾问兼世界顶尖运动员的"心理教练"罗伯特·克里格尔（Robert Kriegel），曾在他的著作中提到一个故事，这个故事隐含了一个重要的启示，可以启发你通过书写成就更美好的人生。

　　克里格尔当时正训练一群短跑选手，这群选手都在奋力争取奥运会的最后几个参赛名额。在一次练跑中，克里格尔发现他的选手们情绪紧绷，显然陷入了"非赢不可"的误区。

　　按照传统观念，这些技巧高超的选手应该接受更严格的训练，但是克里格尔却反其道而行。他要这些选手再跑一次，不过这一次只用九成的实力轻松跑就好。对于这次练习，克里格尔写道：

> 结果非常惊人！出乎大家的意料，当他们"放轻松"之后，每位选手的成绩都比第一次跑的还要好。有位选手的成绩甚至还破了世界纪录。

　　这个做法对短跑有效，对其他事物是否仍然有效？克里格尔说："在其他方面也同样见效。在生活各方面，轻松试都会对你有帮助的。传统观念告诉我们，必须付出百分之一百一十的努力，才能保持进步。但是我发现，付出百分之九十往往更有效果。"

克里格尔的"放轻松"理论也同样适用于自由书写。

也就是说，请你改变你对书写的心态，不要再要求自己咬紧牙关、竭尽全力，以得到立即且完美的内容。放松自己，付出百分之九十的实力就好。实行方法如下：

在开始书写时，提醒自己轻松尝试就好。我喜欢用棒球选手站上打击区之前的准备工作来比喻。通常打击者会先调整一下手套与握棒的姿势，吐一口口水，踢踢地上的泥土，盯着球棒看一看，然后轻松地挥几次棒。这些仪式性的动作有两个作用：一是让打击者熟悉挥棒的动作，二是对即将投过来的球做好心理准备。

我希望你也这么做。先熟悉动作，然后对自己做一下心理建设。换句话说，先随便写点东西，接着提醒自己，你只是要写些文字与想法而已，并不打算在一夜之间写出名垂千古的佳作或是改变世界的观点。

我在电脑里的自由书写文件中，随便就可以找到提醒自己放轻松的例子。

几乎在每段文字的开头，我都是以提醒、祈祷、请求、恳求或是宣告的语气，告诉自己在书写过程中不要离题，也不要期待从中得到智慧、好的观点或是华美的文章。大多数时候，我并不会特别说出"轻松试"这几个字，但是这个精神已经不言而喻了。以下是几个例子：

　　摆脱"完成巨著"的写作心态，直至文思泉涌之际。这种书写非常简单，就像穿袜子一样容易。

　　我现在只是要从脑袋里挖一些东西，写一些随性的想法而已。不要期待灵光乍现。

　　好吧，思绪一开始有点卡住，就像那些有一段时间未经敲击的电脑键盘一样。继续写，卡住的感觉也许会消失，也许不会，但至少你会不断往下写。

　　我正在写一些东西，我极度渴望创意。假如我没有做出有趣的编排、写出有品位的内容，那么我手指的动作就会慢下来，脑袋也会跟着停摆。等一下，马克，这种想法让你更加想不出新点子。你最好继续写的动作，不要管写出来的东西是好是坏。

我承认，上述这些话不是什么好的开场白。但是，假如你和我一样，急着想要立刻得到一些成果的话，那么就用长远的眼光来看，诚实地去平服自己的期待，将有助于改善你的思考质量。你也许会想，以这种自我安慰作为思考的主轴，是否真能带来任何帮助？最后我是否会落得一事无成？

答案是否定的。尽管你的态度并不强求，但你的脑子仍然想要解决问题、完成杰作。当你对自己下达"轻松试"的指示之后，你那要求完美的心态就会松懈下来，让你的大脑有更多空间可以自由挥洒。

不过，等一下，接下来我还有一个更好的办法，保证可以让你进入"轻松试"的状态。

■ 005

快 书 写，慢 思 考

● **记忆要点**

· 轻松发挥百分之九十的实力，比紧张兮兮地付出
　百分之百的努力还要有成效。
· 当你针对一个棘手的主题进行自由书写时，提醒
　自己要"轻松试"。

秘诀二：不停地快写

没错，当你不停地快写时，你就不得不采取轻松、接纳的态度，而且你别无选择。

不停地快写会让你放松下来，并因此提高你的思考质量。话虽这么说，仍有几个地方需要解释一下：究竟要写多快？要写多久？

首先，针对要写多快这个问题，我举一个例子来说明。当其他同事都在等你了，你急忙留张字条给某个不知跑哪儿去了的同事，告诉他："我们到朱塞佩餐厅吃午饭去，不等你了。"对！就是用这种速度来写。你知道的，就是很快。

通过快写，脑子得以以平时正常思考的速度来运作，而不是思路堵塞时绞尽脑汁的慢速运作。

我们来做个实验：在你脑海中想着昨天发生的某件事的画面，也许是和老板开会、你所做的某个决定，什么都好。拿出纸笔，把这个画面描述出来，但是要慢慢写，用比平常慢半拍的速度来写。每个字都花上几秒钟的时间，一笔一画慢慢地写。就用这种方式写个两分钟。

很难做到，对不对？你有没有发现，你的脑子似乎开始跟随你的肢体速度，你的思考开始变慢，以配合手部如蜗牛般的缓慢速度？你的大脑好像在说："假如我的手没办法记录下我所想的内容，我为什么还要认真思考呢?"然后,你的大脑也会放慢思考的速度,以配合手的动作,或是开始离题,将思绪转移到其他的琐事上。

现在,反过来。在脑海中想着同样的画面,然后以比平常书写快一倍的速度写下来,大约写个两分钟。你不必强迫自己一定要写得飞快,只要以手部能承受的速度尽可能地写就好了。例如,每分钟写四十个词。假如你想要用不同的速度来写,也没有问题,只要速度不要太慢就行。假如你想要在描述的同时写下心中的感想,也没有问题,好比也许你会对自己说:"这种感觉真有趣,只是有点怪怪的。"

这么做有什么意义呢?先不要管你写出来的文字质量如何,只要看看你所得到的成果就好。毫无疑问,你用掉的墨水比平常多了好几倍,但你的描述和形容更为丰富了,而且比慢速书写时想得更多、更好。你也许还没有写出任何惊人之作,不过你已经向自己证明了,当你以接近思考的速度来书写时,你的脑子或多或少也会进入一个截然不同的思考层次。

回到第二个问题:究竟要写多久?

这么说吧,就想象你像正在写准备了好几个星期的业务报告一样,只不过这次你的对象不是公司的执行长。总之,不停地写下去。

通过不停快写,你压抑了大脑里的那个编辑狂,让负责创意的部分不断产出东西来。

我所说的句句属实,而在上面这个简短的句子里,其实蕴含了许多概念。假如你刚才一时分心,也许是因为你的小宝贝把装了意大利面的盘子当作帽子戴到了头上,或是因为刚才经过的车子正播放着震耳欲聋的音乐,那么你可能就错过了本书中最重要的一个概念。因此,我要将刚才那个句子所蕴含的所有概念,充分阐述、重新表达,以专业的条例方式叙述如下:

· 假如你的脑袋知道你那只正在写字的手不会停下来,它就会减少想要编辑"不恰当"与不够成熟的想法的动作。

· 一般来说,你的大脑会过滤你所表达出来的东西,因为它希望你在自己与众人的面前都表现得很得体。但是,现在它知道自己正处于一个不利的状况:它不可能检查你快速产出的所有想法,于是,它会自动退居幕后。

· 所谓"不恰当"的想法,往往最具有行动力。因此,你越快捉住它,就能越有效地找到解决问题的方法。

· 什么是"不恰当"的想法?就是你通常不会表达出来的露骨想法,如:"我恨死财务部了。"或是,"我在想,假如我们放弃了最赚钱的产品,真不知道还能生产些什么东西?"这些想法往往蕴含了绝妙的点子,是创意之所在,也是让你脱颖而出的要素。

· 在某种程度上,不停快写就像是与自己做头脑风暴,但其成效比传统的头脑风暴还要好。传统的头脑风暴虽然要你对说出来的东西不做任何价值评断,但我们都知道,那是不可能办到的。在公开场合,也许你可以稍微压抑大脑惯于进行价值评断的习性,但绝对不可能让此功能完全停工。然而,当你进行自由书写时,由于只有你一个人会看到你写出来的东西,而且大脑的编辑部位正处于停摆状况，所以，你可以在不担心后果的情况下，捕捉到最原始且不受约束的想法。

· 由于你得不断写出东西，所以你必须将注意力集中在自己正在写的东西上。你知道一旦分心，思绪就会停下来，然后你就必须折返去找寻原来的思路，结果就无法达成不停快写的目的。平常的书写不会让你拥有这种近似禅定、专注当下的注意力。

· 不停快写让你了解到，各个想法的价值其实并不高，因为不断会有新的点子冒出来。但是，假如你想不出东西可写而被迫停笔时，该怎么办？当你等待大脑找出新的书写方向时，你的手可以继续书写毫无意义的字句。没错，就是一些空洞、没有道理、没有意义的字句。

· 在纸上胡言乱语："我去母鸡两次两支电话公鸭废物……"

· 重复最后一个词汇："这个资料显示显示显示显示显示显示……"

· 或是重复按你最后敲的那个键："我想要……"

· 总之，当你的大脑正在快速思考书写的新方向时，写字的手不要停。

这样你懂了吗？重点在于快速且不停地书写。因为你知道，你写出来的字越多，就算是无意义的字，也会让你拥有更多的机会找到可用的点子。

在这个自由书写的游戏中，你不必顾虑文字的质量，只要顾及它的数量就好。科幻小说大师雷·布莱伯利（Ray Bradbury）曾经这么形容故事创作："你必须动手写，然后把自己写出来的许多内容丢弃或烧掉，直到找到你可以接受的主轴为止。"把这个精神套用在自由书写上，我将他的话改成："随意快写，因为唯有当你写过所有的糟糕点子后，才有可能找到稍微可用的东西。"你必须抱持的态度是：坏的东西会带来好的东西，这是一个自然法则。

快 书 写，慢 思 考

● **记忆要点**

· 假如你以最快的速度写字或打字，不要停下书写的动作，神奇的事情就会发生。你的大脑会产出最好、最单纯的想法，并且通过你的书写流泻而出。这是因为你的大脑意识到，它不会受到评断（只有你会看到这些文字），而且之后你也可以运用这些点子（思绪一旦付诸白纸黑字，就可加以深入发想）。

快 书 写，慢 思 考

记忆要点 ●

· 假如你暂时想不出有什么东西可以写，不要让你的
  脑袋和手停下动作，你可以不断重复你刚才写的最
  后一个字，或是写出没有意义与逻辑的胡言乱语。
· 最棒的点子往往来自最糟的思绪。要如何挖掘出
  最棒的点子？答案就是大量书写。只要顾及"大
  量生产"和"文字产出"就好，把自己想象成一
  个文字与思绪的生产工厂。

秘诀三：设下时限

我们来应用一下你到目前为止所学到的东西。拿出计时器，设定十分钟的时间，然后……

为什么要这样做？我没跟你说过，计时器是自由书写的辅助工具之一吗？真是抱歉！当你开始使用计时器之后，你就再也离不开它了。事实上，计时器将会成为你书桌上最重要的工具，电脑还要排在它的后面。

你需要计时器的原因是：它为你设下了思考的时间限制。这一点很重要，基于两个理由：

理由一：时间限制会激发书写潜力

试想一下：假如我要你针对工作上遇到的挫折不停快写，你认为你可以写多久？思考一道难题（尤其是要从多个角度来思考，稍后我会教你怎么做）既令人兴奋，也让人精疲力竭。但你没办法一直思考下去，连持续一小段时间都有困难。

自由书写有点像短跑。假如我要你跑一小段明确的距离，如四十米，你会全力冲刺。但假如我要你跑的距离不够明确，如从四十米到六十公里都可以，你一开始就不会尽全力跑，因为你会根据自己要跑的距离来调整速度。当跑的距离不够明确时，你就不会竭尽全力。

因此，当你将计时器设定在十或十五分钟，这个时间限制会刺激你的思考，因为你必须在某个明确的时间范围内完成自由书写。当计时器铃声响起时，不论你正在写的句子是否完成，你都必须停笔。就当作你和你的计时器之间有一个契约——你答应自己要在某一段时间之内深入思考、尽情书写，然后你照做了，承诺一旦兑现后，你就可以休息了。

理由二：持续书写，你也能够感受到灵光乍现

每个人都会遇上"那些日子"，也就是当你脑死、脑残或毫无灵感时，却偏偏必须完成一份简报，于是你只得硬着头皮写出一些东西来。在这种时候，你与计时器之间的契约可以帮助你书写。诚然，你在这种情况下所写出来的东西，大部分是毫无价值的，但是其中会有一些是可用的，甚至还可能算是不错的。

自由书写的世界里有一个定律：当你放下戒心，写出一堆垃圾时，最有创意的点子往往藏身在这堆垃圾中。你可以称之为"轻松试"，或是"降低期待"，不过有时候，你那个会产出一堆垃圾的大脑，会带你来到一个前所未见的地方，那是你的大脑在平常运作时不会到达的地方；而事实证明，在历史上，有许多人是在看似最低潮、最绝望的情况下，想出最不平凡的点子的。

重点在于持续书写，就算你只是乱写一通，仍然要不停书写，直到计时器要你停下为止。

上述这段话应该可以作为这一章的完美结束，不是吗？不论你的心情是好是坏，我要你尽情挥洒脑中浮现的一切，捕捉灵光乍现的一刻，这么做似乎再正确不过了。

然而，假如我在这个地方结束这一章，我就必须背负藏私的过失了，因为我还没有告诉你一个重要的小细节：你所用的计时器，必须是在倒数时不会发出嘀嗒声响的那种。而且，也不要使用有刻度的计时器，或是中央有一圈数字，扭转之后就开始倒数计时的那种计时器。相信我，你会很感谢我给你这个忠告。计时器的嘀嗒声非常容易让人分心。我觉得你得知道这一点。

我还要提醒你另一件事：计时的方式有许多种，如利用手表、电脑或智能手机上的计时功能。但是，你也可以利用洗碗机或烘衣机来帮你计时。《搏击俱乐部》（*Fight Club*）的作者恰克·帕拉尼克（Chuck Palahniuk）有时就会这样做。在坐下来动笔之前，他会先丢一堆衣服进洗衣机，利用洗衣服的时间来写作。就这样，他利用做家事的时间写出了一本畅销书。此外，这个做法还有另一个好处，帕拉尼克说："在耗费脑力的写作中间，穿插一些洗衣、洗碗这类不用大脑的家事，可以让你的脑子暂时休息一下，以得到新的点子与灵感。"

快 书 写，慢思考

记忆要点 ●

· 限时书写（通常以十到二十分钟为限）可以让大
脑专注起来。时间限制具有激励的效果。

· 就算处于低潮，你也可以发想出绝妙的点子。

秘诀四：以思考的方式进行书写

　　假如曾经有人教你该如何准备职场所需的文件，你很可能会听到这样的建议："用说话的方式写。"换句话说，你要将你的文件内容口语化，以便让其他人可以轻松理解你想表达的意思。因此，你要使用简单易懂的用语、人称代词，以及许多其他的小技巧，让读者产生亲切感，让他们觉得你好像在对他们说话一样。

　　当你要和别人沟通时，这种简单直接的书写风格非常有用。然而，在进行自由书写时，这种做法就不是那么好用了。倒不是"用说话的方式写"不适用于自由书写，而是因为它无法达到深入的效果。

　　进行自由书写时，我们要在大脑进行过滤审查你的想法并加以压抑之前，捕捉到你最原始的念头，这是一件极为重要的事。因此，我们不能"用说话的方式写"，而是要"用思考的方式写"。请听我仔细说明。

　　截至目前，我一直是用说话的方式来撰写这个章节。当然，我会把"嗯""你懂吧？"这类字句，以及其他无意义的语助词都删掉。假如我们面对面聊天，你应该可以一听到我讲的话就认出我是撰写这些文字的人，因为我有独特的说话节奏、习惯用语，以及想要表达的概念。对你来说，"马克这个作者"与"马克这个说话者"是一致的，因为在这两种情况下，我都是使用大脑的同一个部分来修饰我的对外发言。

然而，当我只写给自己看时，我不一定会运用主管对外发言的大脑部位。我只是通过书写来了解自己的想法而已。以下这一段未经编辑的自由书写，就是我的手跟随我那充满咖啡因的大脑，所留下的思绪记录：

> 我们来试试看。写出来的很多东西是没有用的。放弃逻辑思考。这张纸来自我那咕噜咕噜叫的肚子，我像打嗝一样用字填饱它。当然，从嗝吐到完成作品之间，往往有所妥协。但这只是个实验。
>
> 就像格伦说的，评论很短，可以做两个、三个、四个评论，整本书都是评论，我写在里普肯书上，每个评论表达一个不同的观点，或是同样的观点以不同的语言表达。这里是码头工头，那里是舞蹈大师。那牛肉在哪里呢？我该看什么呢？
>
> 一开始我试着从钢铁人挑选一些细节，然后以条例的形式张贴。对斯特拉和苏珊来说，这种做法就可以了。但是对迈克尔和弗洛伊德来说，就行不通。我该如何将（不算多的）可用细节贴上，变成生动的评论，让迈克尔"印象深刻"？

对你来说，这段文字看起来像是胡言乱语，尽管我所使用的字眼很常见，句子结构也很一般。在你看来，这个段落看似一段失败的文字。但对我来说，却恰好相反。

这个段落清楚反映出思绪在我的脑海中弹跳的情况，即使在十五年后的今天，我仍然可以清楚地看出我当时思索的所有重点。

由于运用了下列三个技巧，我才能清楚地解读自己的思绪。

技巧一：运用厨房语言

什么是"厨房语言"（kitchen language）？这个由肯恩·麦克罗里（Ken Macrorie）自创的名词，指的是当你穿着舒适的家居服，躺在电视机前，和好朋友打电话时所用的语言。这种语言直接有力，但在大多数情境下，你不会用这种语言来表达自己的想法。厨房语言是你专属的用语，是你觉得最能表达出你的想法的话语，即使只有你自己才懂。

在上述那段自由书写的内容中，我使用了我的厨房语言"嗝吐"。"嗝吐"到底是什么意思？

根据前面出现的字词，像是"咕噜咕噜"和"打嗝"，我认为"嗝吐"是"打嗝"和"呕吐"的综合体，而我用它来比喻我在自由书写过程中，那种一吐为快的感觉。"打嗝"的语意不够强烈，而"呕吐"又太过了，于是就产生了"嗝吐"这个词。

我可以用更普通的用语来表达自己的想法？当然可以。但是在那次自由书写中，我那转个不停的大脑决定了"嗝吐"是我在那一刻要说的话。

我并不是坐在书桌前，刻意想出这个词的。我只是顺从大脑的意思，它要我写什么，我就写什么。你也应该这么做。

只要以轻松真诚的态度，专注于脑中正在思索的主题，直接而又有力的厨房语言就会自然涌现。

技巧二：略过不需要详加说明的东西

由于上述那段自由书写只是我写给自己看的，所以我不需要说明所有的"登场人物"或是相关的背景资料。当然，假如那是写给别人看的文字，我就必须列出标题，如"主题：给纽约时报的评论"。此外，我也必须说明，格伦是帮我看草稿的朋友，他在出版社工作，诸如此类的东西。但是对我自己看来说，那些都是没有必要的动作。

技巧三：让思绪自由跳跃

当你写的东西是要给别人看的时候，你必须按照逻辑铺陈你的论点，让读者明白你的论述目的是什么。然而，在自由书写时，你可以抛下所有逻辑顾虑，跟随大脑意念的自由跳动。我并不是要你欺骗自己接受不合逻辑的论点，我的意思是，在自由书写的过程中，你的推论不必非常缜密。你可以随心所欲，自由跳跃。

快 书 写， 慢 思 考

● **记忆要点**

· 自由书写并不是写作，它是观察自己思绪动向的
　工具。

· 既然你是为了自己而写，你就不需要修饰脑中的
　原始想法，以迎合他人。只要你了解自己的逻辑、
　指涉、用语和独特内涵，就可以了。

试一试

　　在过去的三天内，你听过最棒的点子或产品是什么？以它为主题，进行自由书写五分钟，把你所知道的一切都写出来（假如你想要的话，可以在纸张的最上端，写下你到目前为止学到的自由书写秘诀，就当是考试作弊的小抄）。

　　时间到了之后，看看你所写下的内容。假如你把这些东西念给别人听，而别人都听得懂你的意思，那么你就没有如实写出自己最原始的想法。再进行五分钟的自由书写，试着把你最真实的想法写出来。

秘诀五：跟着脑袋里的想法走

　　20世纪80年代中期，我曾经修了一门即兴表演的课，希望借此磨炼我自认最有潜力的天分——机智与搞笑。那时候，我幻想自己是学习中的伍迪·艾伦（Woody Allen），并且认为即兴表演课可以为我带来宽广的表演舞台。结果，我大错特错。

　　那门课的老师是某传统派即兴表演剧团的成员，每当有学生刻意搞笑，他就会皱起眉头。他教导我们：幽默必须是从情境中自然流露出来，绝对不可以强求。因此，他每堂课都会轮流叫几个学生上台，大声吼出他为我们指定的虚拟身份，诸如："马克，你是一个流浪汉。""辛迪，你是一个职业妇女，正要去搭火车。"接着他会提供情境，要我们即兴演出，好比说："马克，你要设法让辛迪施舍一点钱给你。"

　　在与搭档演练时，我谨慎地说出合乎逻辑的台词："女士，可以给我五毛钱，让我吃顿热饭吗？"同时吞下我原本想要说出口的荒谬对白："女士，我刚才尿在自己身上了。"那门课修完之后，我就再也不打算碰即兴表演了，至少我当时是这样以为的。

　　过了几年，当我正为工作上某个棘手的问题进行自由书写时，我意外地发现，自己利用的正是先前排斥的即兴表演原则。我写道：

还记得即兴表演课吧！你必须跟着情境走。

假如你得配合观众给你的情境设定，那么有人要你扮演一个替病人洗牙的牙医，你就必须配合。你不可以在演到一半的时候，突然违背剧情的发展，并且说："噢，你以为我是个牙医，可是我其实是个妇产科医生，或卖鞋子的人，或是一只阿拉斯加棕熊。"你也不可以反驳搭档对你说的台词。假如你的搭档说："噢，李维医生，这是你要的X光片。"你不可以回答说："我并没有跟你要X光片。"因为如此一来，对方会接不下话，结果整出戏就毁了。

因此，假如你希望这场戏能继续演下去，你就必须要回应那句提到X光片的台词，顺着情境即兴演出。你要假装仔细研究X光片，然后说："你看看，你的牙齿全都是白齿。""你看看，你的牙齿全没了，只剩下牙床。""你看看，你的牙齿排列和医学院里的那些大体的牙齿排列不同。"诸如此类。你可以搞笑，但一定要顺着情境中的逻辑。

当我完成这段自由书写时，突然意识到，我原本以为即兴表演的原则（随着情境走）就像是一件被雨淋得湿透的笨重羊毛大衣，但事实恰好相反，它可以给你一个起始点，让你释放你的脑袋，从零开始思考。在那段自由书写的内容中，我不断重复提到这个即兴表演的方法，提醒自己要"跟着想法走"。当我的手跟上脑袋里的想法快速书写时，我觉得我的想法与书写充满了力量。

在快速书写的过程中，我会对自己说："跟着想法走。呼应你刚才写的内容，按照逻辑延续下去……你可以天马行空，可是要确定，那些异想天开的内容会自然地接续前面的部分……根据这个刚刚才出现在纸上的新想法，接下来会发生什么事？"

我沉醉在这个"呼应与延续"游戏中，不用多费力气就能让文字流泻而出，一直写一直写，直到我的手酸了，计时器也响了，而且就在同时，我发现了一个处理问题的紧急对策。

为了让这个方法更加易懂，我设计了一个小小的实验性学习情境。我不会要求你立刻就将此观念应用在你的生活中，但让我们先转换观点，做个有趣的小实验。

在接下来的十分钟，你的身份是詹妮弗，你在 Beef Salami.com 公司担任营销人员，这家刚成立一年的公司专门在网络上销售意式香肠。由于市场定位成功，你的公司在意式香肠的网络销售市场，拥有百分之九十的市场占有率。然而，公司的获利却不如预期，你该怎么办呢？

首先（在你告诉自己要"轻松试"之后），你要告诉自己，你在这里进行书写的目的是什么。"在网络上销售意式香肠是我们的市场定位，但它同时也限制了我们的发展"是个不错的主题。然后你可以自问，公司在各方面的营运情况如何，诸如产品、营销策略、广告、竞争网站，借此找出你想要思考的方向。

我们假设，身为营销人员的你，比较想要了解的是，大众对你们公司的产品有什么看法。你猜想，大多数的人认为意式香肠是一种亚硝酸盐含量很高的劣质食品，它的做法是将各个部位的牛肉混合在一起后，灌入肠膜中（也许这是你第一次意识到，牛的身上并没有哪个部位是专门用来制作意式香肠的）。你心想，我们该如何改变这个看法呢？

将意式香肠定位成一种高档食品，这个点子如何？嗯，还不错。那么你要怎么"跟着想法走"呢？

你现在已经有了一个起始点（创造出一种高档的意式香肠），接着你可以延续这个概念，发展出下一个句子。你写道：也许，高档的意式香肠会包装在金箔里。还有呢？还可能会被放在精致的木盒里，就像雪茄一样。满足人类的虚荣心，太好了！高档的意式香肠还可能会得到某些荣誉大奖，这象征什么？高质量的肉品……得奖的食品……从某个充满浪漫气息的产地进口……通过某些有名望的机构的认证。什么机构？政府……某个产业组织……某个 Beef Salami.com 协助成立的组织？

你心想：假如我跟着最后一个想法走，最后会走到哪里呢？在你实际书写出来以前，你永远都不知道答案。你也许会写道：

Beef Salami.com 可以担任某个委员会的主席，而这个委员会负责为大众把关，确保网络销售的肉类制品符合最高标准的规范，甚至比美国政府要求的标准还要高。美国政府？为什么停在这里？再跟着想法走。

Beef Salami.com 可以担任某个产业标准组织的主席，而此组织的任务是，确保在全世界的网络销售的肉类制品，符合某些健康与质量的要求。全世界？这样就可以把我们的公司提升到国际的层次。你写道：没错，由于是在网络上销售产品，所以 Beef Salami.com 的确拥有国际级的能见度。作为某个把关单位的一分子，我们公司可以和其他国家的肉类食品制造商结盟。我们还可以把公司网页的内容翻译成二十多种语言，然后在某些国家标榜这是进口食品。

你可以继续把所有相关的想法都写出来，直到你觉得自己想说的话都已经讲出来了为止。这时候，你就可以停笔——或者要继续下去？随便你。假如你认为你已经得到了一些好点子，或是你对整个情况已经有了比较明确的掌握，你就可以停止自由书写。不过，请记住，假如你想要深入探索，还可以从其他的角度再切入。

尽管上述的逻辑看似流畅，但其他人也有可能会从不同的方向切入思考。我们再回到上述情境的开端。你已经思考过大众对意式香肠的观感，现在你想往另一个方向探索：也许我们没有必要改变大众对意式香肠的观感。也许 Beef Salami.com 可以把意式香肠当成一种劣质的肉品来销售，一种街头食品，那么你又该如何证明这一点？

又或者，你一开始的假设是错的。你真的了解大众对意式香肠的看法吗？你该如何取得真实的信息呢？当你取得这些信息后，你又该如何加以运用？

你的公司是否应该继续守住在网络上销售意式香肠的这个狭小市场定位？不论这个问题的答案是肯定或否定，“是否扩大营业范围”这个议题都值得你花几分钟的时间去深思。

那么，其他方面呢？到目前为止，你探讨过如何从营销与销售的角度来提高公司的利润。但是该如何从会计或营运的观点来思考这个问题？并不需要具备这方面的专业知识，你也能做到这一点，至少在自由书写的时候是如此。你可以先战战兢兢地写出第一个句子，然后顺着第一个句子的意思，心虚地写出第二个句子，这样就够了。

好了，现在放下詹妮弗的身份，回来做那个中规中矩的自己。在进行跟着想法走的自由书写练习时，你并不一定要找到一个重大的问题，认真地加以思考。只要随便找一个问题，任何问题都可以，针对它让你感到困扰的地方，进行自由书写，这样就可以了。然后，做个小小的实验，把情境做一点小小的改变，顺着改变后的情境，延续想法的流动。假如你能够让自己的手尽情挥动，并且允许自己的思绪自由挥洒，你就可以找到一两个新鲜的点子。

快 书 写， 慢 思 考

● **记忆要点**

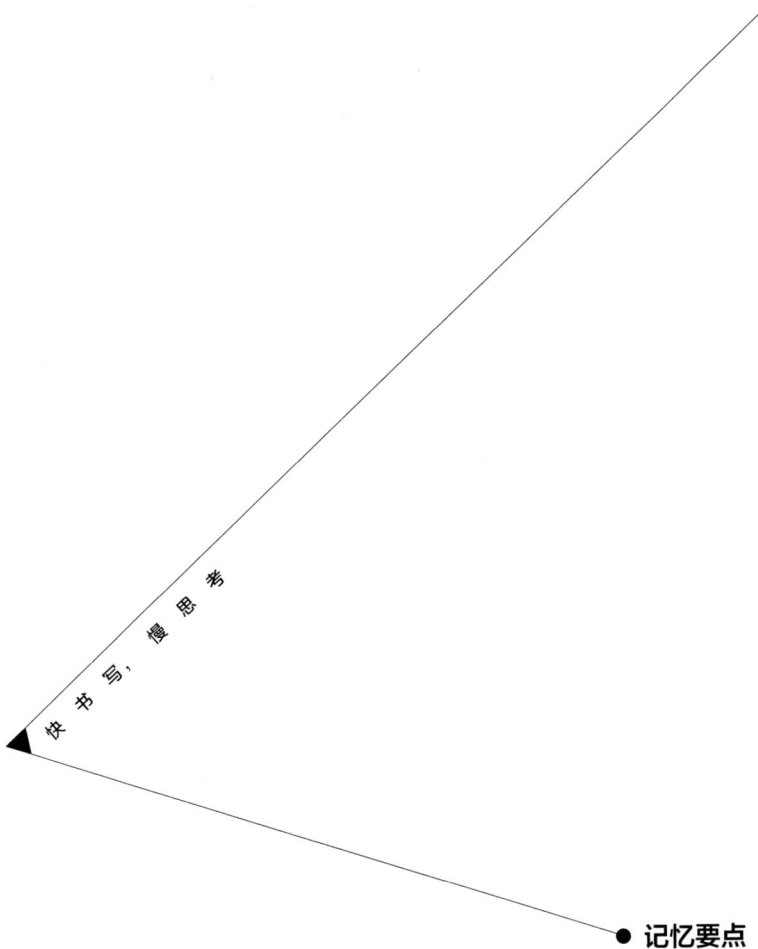

· 当你跟着自己的想法走时，先假设某个概念是正
确的，然后依照逻辑，对这个概念进行推论（"假
如Ａ为真，Ｂ就为真；假如Ｂ为真，就表示Ｃ为真；
假如Ｃ为真……"）。

快 书 写，慢 思 考

记忆要点 ●

· 由于每个情境皆涵盖众多元素，所以，你可以朝
　着多个不同的方向进行思考，但仍然不会偏离主
　题。（例如，我们两个人都发现公司的邮资机坏
　掉了。假如我跟着这个想法走，我的逻辑反应是
　去寻找弄坏机器的人，但你的反应可能是去修理
　这个机器）

试一试

过去三天内，你听过最烂的点子或产品是什么？以它为主题，跟着你心里的想法走，自由书写五分钟。时间到了之后，将计时器再设定五分钟的时间，朝另一个完全不同的方向思考。请记住，当你运用呼应与延续的技巧来进行练习时，你必须同时遵守先前告诉你的所有自由书写的秘诀。

秘诀六：转移注意焦点

　　你的手上握着一支笔，或是你的电脑已经开机，你准备好针对某个重要的主题进行自由书写。也许你正在思考，该如何宣布提高收费的新规定；或是你正在思索，要怎么向老板提出要求，请他指派更重要的计划给你。不论你思考的问题是什么，此时你正搭着自由书写的巴士，不断前进，但是，突然间，你踩了刹车。前方的路被洪水冲毁了，你不知道该如何继续前进。

　　你快速回顾自由书写的几个原则：轻松试，没问题。不停快写，做到。计时器倒数十分钟设定，完成。可是现在你的点子都用完了。你大概心想，自己已经走进了死胡同！

　　当你盯着前方被洪水冲掉的道路发呆时，遥远的左前方传来灯光闪烁。哇，那里有一条高速公路！你怎么会没有注意到呢？接着，你的右边传来了震耳欲聋的喇叭声。天啊！那里也有一条通往大城市的道路！你刚刚竟然没有注意到它。

　　你环顾四周，发现到处都是道路、出口与城镇，可是你刚才一个也没有看到，因为你的眼睛只顾着直视前方。我将这些道路、出口与城镇称为"注意焦点转移物"，当你进行自由书写时，它们随处可见。

　　什么是注意焦点转移物？最好的注意焦点转移物，是你针对先前所书写的内容，自己问自己的一个问题。它可以让你的手和脑继续动下去。

我不仅在私人书写时会运用转移注意焦点的问题，在撰写对外发表的文书时也同样会使用。当你在看这本书的时候，你会发现我不断问自己下列问题：

· 我此刻正在想什么？
· 我能如何换个方式说？

这两个问题是我最常拿来问自己的问题。它们让我回顾自己做过的事，再度思考我已经知道的事物。此外，即使我认为自己已经无路可走，它们仍然可以刺激我想出新的点子。然而，你可以运用的注意焦点转移物不仅这两个问题。

转移注意焦点的问题不计其数，而且可能以不同的形式存在。以下列举一些例子：

· 我该如何让它变得更有趣？
· 我该如何提升价值？
· 针对这个主题，我还有什么话想说？
· 为什么我会卡在这里？
· 我该如何突破这个瓶颈？
· 我漏掉了什么吗？
· 我什么地方想错了？

· 为什么?

· 我该如何证明这一点?

· 我该如何反驳这一点?

· 我对这一点有什么看法?

· 假如我继续这样想,结果会如何?

· 我曾遇到哪些类似的问题?

· 我可以从过去的经验中找到哪些解决方法,好套用在这个问题上?

· 这让我联想到什么?

· 最理想的状况会是什么?

· 最糟糕的状况会是什么?

· 我做对了什么?

· 哪个部分是我做得很好的?

· 我该如何跳脱目前的思绪?

· 我可以运用我的(或是公司的)哪些优点?

· 哪些缺点需要加以改进?

· 假如那个论点是正确的,证据是什么?

· 我为什么不适合做这个项目?

· 我为什么适合做这个项目?

· 公正的旁观者会如何评断?

· 假如我想犯下一个大错,我会怎么做?

· 有哪些资料是我需要但还没有拿到手的?

· 我该如何善用手上的这些资料?

- · 我会如何向主管描述这个情况?
- · 我会如何向我的母亲描述这个情况?
- · 我会如何向最支持我的朋友描述这个情况?
- · 我会如何向一个陌生人描述这个情况?

现在你应该懂我的意思了。当你遭遇阻碍与难题,或感到困惑时,运用上述任何问题,或是你自己想出一个不同的问题,与自己进行新的对话。

快 书 写，慢 思 考

记忆要点 ●

· 注意焦点转移物是一些写在纸上的简单问题，你
可以拿这些问题来问自己，帮助自己将思绪引导
至其他尚未探索的新方向。

· 你也可以这样做：
把上述的问题清单再看一遍，然后挑选两到三个
最吸引你的问题。把这些问题抄到一张纸上，下

快 书 写，慢 思 考

● **记忆要点**

次当你进行自由书写时，把它放在你的手边。当
你遇到瓶颈时，或者只是出于好玩，挑个问题来
问自己，看看它会把你带到什么地方。

试一试

　　挑一篇你过去写下的自由书写内容，留意看看，假如你在某些地方问自己一个转移注意焦点的问题，你的书写将会转往哪个新的方向。朝着这个新的方向自由书写十分钟。假如在十分钟结束前，你已经没有灵感可用，那么就用另一个转移注意焦点的问题，来活跃你的思绪。

第二部分

有 力 的 精
进 与 改 变

假如逻辑思考无法帮助你想出解决问题的方法，那么你需要采取一个较为间接的方法，而自由书写就是方法之一。

用最天马行空的想法，将最突兀的点子组合在一起，然后写在纸上。

经过充分练习后，你可能会发现，你现在想出来的点子，远远超越你以前想的东西。

在本单元，你将会学到在自由书写时可以运用的许多工具，这些诀窍可以帮助你解放大脑、得到自由并转换观点。

将思绪化为文字

作文课的老师常会告诉学生："书写就是思考。"他们这么说的目的，是要揭开写作的神秘面纱，以及消除学生对写作的恐惧。用这句话安慰学生的老师认为，假如你的思路清晰，并且使用日常生活中的语言，你就可以得心应手地将自己的想法表达在纸上了。

这是个很棒的建议。我们越是把写作当成一件稀松平常的事，越是把它看成仅仅是表达自我的一种方法（就像和朋友打电话一样），对我们就越有益。

然而，对想要运用书写来解决问题的人来说，一个合理的疑问是：为什么要写？假如"书写就是思考"，为何不省略掉书写的部分，只要努力思考就好？我要提出两个理由，说明将思绪记录下来，化为白纸黑字的重要性。

你应该把思绪记录下来的第一个理由是：**写字的动作，或是在电脑键盘上敲打的动作，可以有效集中思绪。**

人的思绪本来就是跳来跳去的，因此，长时间的思考很容易会变成做白日梦。

假设我想要处理公司几个客服人员彼此之间沟通不良的问题。这些员工时常针对工作流程陷入无意义的争论，把问题搞得越来越混乱，最后甚至吵了起来。

假如我试着用思考的方式，想出解决这个问题的方法，我可能会得出几个好办法。但是很可能，我的思绪也会脱离主题，忘了自己一开始想要思索的问题是什么。

我会在脑海中想象这几位员工的工作情形，特别是爱惹麻烦的迈克尔。然后，我会想起迈克尔有一辆和我同款的吉普车。于是，我想起我需要把车开去保养厂换机油。而我之所以选择那家保养厂，是因为那里的工作人员会大声喊出自己正在做什么事（"我在换过滤器！"），让人感觉他们像军人般有效率。还有，保养厂的老板拉斯认识我，他会帮我打折……

结果，我一开始想到的好办法不见了，就在我思索员工的相处问题与开车去保养厂之间，这些办法突然不见踪影了。根据我的经验，人类大脑的运作方式就是如此。

这种分神与自由联想的情况并没有什么错，也很常见。在上述情况中，我并没有通过思考得到具体的成果。这就是未利用具体的事物来帮助我们集中注意力可能会遇到的陷阱。

当你把思绪记录下来时，这些文字就会不断将你的注意力带回主题上。你不需要学习控制心灵或遵守什么严格的规范就可以办到。即使你的思绪暂时脱离主题，你坐在那里写字的动作也会让你回想起，你是为了某个目的而进行书写。

有一则关于爱迪生的逸事和这个概念有关。每当爱迪生坐在椅子上休息时，他会在手里握着一把硬币。那么，当他不小心睡着时，硬币就会掉到地上，发出声响，把他吵醒——硬币会提醒他回到工作岗位上。

书写的动作就像你手里的硬币一样。当你分神时，你可以把离题的思绪也记录下来，不过当你离题越来越远时，记得要提醒自己，你书写的目的还没有达成。

你应该把思绪记录下来的第二个理由是：它可以给你回溯思考路径的线索。这和第一点有些类似，但有几个重要的区别。

当你在进行自由书写时，离题的思绪中可能蕴藏了丰富的宝藏。假如你事后无法回想起这些思绪，进而错失这些潜藏的宝藏，实在太可惜了。大多数人都与这些宝藏擦肩而过，只因为他们对自己的记性太过自信了。

举例来说，在某次工作中，我和几个学生进行非正式的访谈。我花了二十分钟的时间和每个人讨论他们的工作情形，并且在他们说话的同时记下几个关键字（我没有让他们看到我写的字）。如此一来，我就可以精确地回想起他们说过的话，不论是切题或离题的谈话。

然后，我请每位学生回想他们刚才跟我说的话，并请他们把自己记得的要点重述一次。平均来说，他们只记得一半的内容，而我们的对话才在不久前发生而已。

因此，我想请你把所有一闪而过的思绪都记录下来，把它们当作黄金般珍惜。因为，当适当的时机来临时，这些思绪有可能会创造出无可计量的价值。

如果你正在思索某个你感兴趣的主题，并且以轻松、不加评断的态度进行书写，那你所写出来的字句中，将蕴藏你无法想象的解答与可能性。换句话说，假如你期待自由书写最终将会引领你到达一个值得探索的地方，那么你就一定会找到那个地方。

再回到前面提到的"员工问题和保养厂"的例子。我提到这个故事的目的，是说明思考有可能会沦为做白日梦。我原来的目标是想要想出几个好点子，解决重复发生的员工问题，但是我的注意力焦点最后却变成把我的吉普车送去保养。

然而，假如同样的离题思绪被记录在纸上，我就有机会让注意力重回主题，也有机会检视被保留在纸上的离题思绪。于是，我就有可能找到解决问题的方法。

当我写下对保养厂的想法时，我可能会注意到，保养厂员工在工作时大声喊出工作流程的习惯，令人联想到军队的做法。也许，这种用语言汇报来确认的方式，也可以适用于我自己公司的员工问题？答案可能是肯定的，也可能是否定的。最重要的是，自由书写帮助我把离题的思绪记下来，让我在日后可以加以探究。

快 书 写，慢 思 考

记忆要点 ●

将思绪化为文字的动作很重要，是因为它可以：

· 将你做白日梦的概率降到最低；
· 让你的注意焦点不会偏离主题；
· 让你的思绪有迹可循，重回起点；

快 书 写，慢 思 考

● **记忆要点**

· 为你留下具体的东西，供你日后检讨或使用；
· 让你可以检视自己每天的思考内容；
· 你的自由书写内容可以告诉你，你想过哪些东西，
　它同时也可以告诉你，你没有想过哪些部分。

试一试

　　针对某个问题进行五分钟的自由书写，然后把这些内容先摆到一边。现在，再设定五分钟的时间，试着回想你刚才的思考内容。比较两者，在第二次的书写中，你漏掉了什么？又不小心加入了什么？

运用引导句

　　假如你曾经尝试过自由书写，你可能听过一个名词，叫作"引导式书写"。引导式书写是一种自由书写的练习。当你进行引导式书写时，你并不是想到什么就写什么，而是要根据某个特定的句子（称之为"引导句"）所引导的方向，进行书写。

　　引导句要怎么使用？好比说，假如你想要进行十分钟的书写，而且希望有个引导句作为提示，我可能会说："请完成以下这个句子：上班时间最棒的部分是……"然后你就根据这个句子开始书写。一开始，你要先完成我给你的句子。然后，你可以在接下来的十分钟内都继续书写同一个主题，也可以在几分钟甚至几秒钟之后，转移到其他主题。

　　你可以利用的引导句不计其数，任何开放式的句子都可以。你可以自己发想，下列是几个例子：

　　　　"我昨天看到了一个奇特的东西……"

　　　　"假如我从今天开始……我会很佩服我自己。"

　　　　"假如不必工作，那我会……"

　　　　"我对无聊的看法是……"

　　"假如有一天，我一觉醒来发现自己变成三米高，我要做的
第一件事情是……"

　　"我想告诉你一个故事……"

　　"我丢了一块石头，结果它掉到……"

　　"我记得……"

　　我有多次运用引导句的经验，但我从不将它视为常用的工具。
为什么？原因可能是我的自大。也许我认为，我有自由书写的丰富
经验，不需要外在引导的协助。又或者，我从小到大看过太多特立
独行的独立制片电影了，因此我想要拥有绝对的主控权，不希望别
人告诉我该怎么做。这只是我的猜测而已，我也不确定我为何很少
使用引导句。

　　然而，在与罗宾·斯蒂利（Robyn Steely）谈过之后，我对这个
技巧产生了截然不同的看法。

　　斯蒂利是非营利组织"在波特兰写作"（Write around Portland）
的执行总监，这个组织与社会服务单位合作，协助社区营造的进行。
它针对因为健康、贫穷与其他因素而无法上写作课的人，举办写作工
作坊，服务对象包括养老院的老人、身心障碍人士、戒断人士、家暴
受害者、游民等等。

　　这些工作坊的中心指导原则，就是自由书写。

　　学员拿着纸笔，围坐成一圈，由讲师提供两个引导句，如"关于
我们……"和"夜晚的空气闻起来像……"，让学员自由发挥。每位
学员可以选择一个引导句作为书写的开头。稍后，他们会彼此分享书

写的内容，并针对书写内容中比较突出的论点，给予意见反馈。

斯蒂利表示，引导句并不会限制我们的思考，反而会让思考更加自由。对于相同的引导句，某位学员可能写了自己早餐吃了什么，而另一位学员写的则是自己参与某场战役的故事。

不论书写的主题是大是小，最能撼动人心的，当然是真诚的书写内容。事实上，讲师会建议学员，不要为了让自己的书写显得专业而过度修饰书写的内容，或是将事实删除，因为读过的人很自然就可以分辨你写的内容是否真实诚恳。

因此，引导句可以帮助人们触碰他们从来不曾想过要书写的题材，促使思绪朝着意料之外的方向发展。

当我问斯蒂利，好的引导句应该具备什么条件，她给我这样的建议："引导句要简短，而且不会造成局限。例如，'暴风雨结束后……'就是一个好的引导句。这个句子很短，指的可能是童年的一场暴风雨、一个风暴，或是一件和暴风雨一点关系也没有的事。"

下面列出更多可供你参考的例句：

> 可以让今天变得更刺激有趣的两件事是……
>
> 我想要了解关于……
>
> 我可以做出最不一样的事情是……
>
> 假如我把平时所做的每件事，以完全相反的方式完成，那么情况将会变成……
>
> 我喜欢……
>
> 我讨厌……

我很怕……

我找不到借口说为什么自己还没做这件事，我应该……

说来也许有点疯狂，但我们公司的生产力可以有五倍的成长，假如……

这话听起来也许不太合理，但是……

假如一定会成功的话，那么我想进行的计划是……

我非常擅长_____，但是我宁可不运用这项专长，因为……

我非常不擅长_____，但我想要试试看，因为……

我的老板可以做三件事来帮助我，分别是……

我可以做三件事来帮助我的老板，分别是……

我需要练习……

我应该做更多……

假如我现在可以重回校园，我想学……

假如我不必工作，那我会……

会令我担心的情况是……

假如时光跳到五年后，我过着与现在截然不同的人生，我会是……

我在工作上最想做的两件事是……

你知道哪件事是我想再做一次的吗……

最令我引以为傲的计划是……

假如我从今天开始……我会很佩服我自己。

我应该马上打电话给_____，因为……

我知道有三件事可以改变这个世界，分别是……

假如我要在毕业典礼上致辞，我会告诉所有的学生……

当我上车后……

我无意间听到……

当我忘了带钱包时……

天快黑了……

鸟儿正在歌唱……

我打开门……

两天后……

快 书 写， 慢 思 考

记忆要点 ●

· 引导句可以帮你暖身，让你朝着意料之外的方向
  思考。
· 最好的引导句要简短而且没有局限性。

试一试

　　在下列两个引导句当中挑选一个，进行十分钟的自由书写："我想告诉你一个故事……"或是"这话听起来也许不太合理，但是……"。

词汇解析

以下是我某次的自由书写内容：

只要看到作者使用"充分授权"这个词，我就想打哈欠。

当然，我知道这个词的意思是"分权"和"给每位员工做决定的权利，以服务顾客，包括第一线的人员在内"。但是，除非这位作者是我信任的人，他曾深思熟虑过这个词，而且会以身作则，否则我会认为，大多数人使用这个词，只是因为它会让自己看起来像是个心胸开阔的人。

大多数企业并没有实施充分授权，即使实行，也成效不彰。对大多数人来说，充分授权是一个未经验证的概念，或是漠不关心、自由放任的管理者所使用的托词而已。

传统的"充分授权"还隐含了其他问题。假如员工获得了充分的授权，他们有可能会在顾客面前犯错。这个情况如果出现在书里，可能还无所谓，但假如发生在大排长龙、一肚子怒气的客人面前……假如员工获得了充分的授权，他们可能会用这个权利，将自己的偷懒合理化，并且把没有效率的服务解释为他们认为必要的做法。

假如员工获得了充分的授权，他们仍然需要接受监督，因为他们代表公司采取行动，而这些行动有可能会对整个公司产生影响。

我知道我这套说法听起来很刺耳。看到上述言论的人，可能会认为我是个一板一眼、遵守阶级制度的人。但事实并非如此。我有时候坚决支持充分授权。但是我也有理由不信任他人，并且拒绝只因为这个词听起来很开明，就把组织的钥匙交给别人。

当你看完这段节录的文字后，你可能心想："好吧，这个章节要讨论的是充分授权之恶，那么李维究竟要怎么把自己的论点说清楚、讲明白？"但是你错了，关于充分授权这个主题，我已经把我想讲的话都说完了，至少在这本书中，我不会再加以讨论了。上述那段自由书写，只是我运用"词汇解析"的技巧所完成的作品而已。

当你解析词汇时，你把那个词汇（或是涵盖那个词汇的句子）加以重新定义，让它产生专属于你自己的意义。在某种意义上，你拆解了这个词，把其他人给它的无趣定义丢掉，亲自探索那个词的内涵是否为真。就像医学院的学生通过解剖人体，学习如何治疗患者一样，你剥下词汇的外皮，分解它的内涵，以研究它的基本意义。以下是我进行的方式：

第一步：找一个词汇来进行解析

当你正在看一篇关于商业管理的文章、杂志里的专栏、你自由书写的内容，或是当你正在工作时，你必定会遇到一些常被人视为理所当然的词汇，这些词汇往往会让人不假思索就相信。这些词汇就是你应该特别留意的字眼。

也许你会遇到像"充分授权"这样的词，这种人们不会多想就给予正面评价的词汇。这样的词汇值得你拿出来加以研究一番。也许你也会看到像"删减预算"这种马上会引起人胃痛的用词。上述这类词汇，都值得我们做进一步的检视。

又或许，你会看到像"产业"这种看似中性的词汇，这类用词往往可以通过自由书写的解析之后，带来出人意料的结果。

第二步：写出这个词汇的常见定义

假如你回顾我针对充分授权所写的文字，你会发现我开门见山就说明了这个词的内涵，包括它最常被滥用、最死板的意义。我写出了一般人看到这个词或是在生活中遇到这个词时心中的想法。

第三步：问问自己是否同意这个定义，并解释理由

由于你已经把词汇的基本定义写出来了，所以你就可以根据这些定义，延续你的书写。

第四步：问问自己，下次再看到这个词时，会有什么想法？

在抨击别人的刻板看法、列出自己的见解、进行激烈的辩证后，假如你不将自己的思考过程与最后得到的结论简述出来，有可能会一无所获。因此，你要用一两个简单的段落告诉自己，你如何通过词汇解析，强化自己的了解。

现在，我们把我刚才提到的方法结合起来，看看"词汇解析"实

际上是如何运作的。

我从书架上取出了哈里森·欧文（Harrison Owen）的《扩展我们的片刻时间》（*Expanding Our Now*），下列的段落是我先前就在书中标注的：

> 管理阶层要你相信，每个必要的活动都有一定的程序，而你必须依照这些程序来完成工作。然而，事实并非如此。很多时候，我们必须略过某些程序，才能将工作完成。绕过程序的情况往往被视为特例，但我却认为它才是王道。

毫无疑问，上述句子中没有任何模糊不清之处。然而，假如我们不解析"绕过程序"这个词，当我们在看下一个段落时，我们就会忘了它的意义。以下是利用自由书写，对这个词进行深入分析的过程：

> "绕过程序"是欧文表达"为了达到目的，不按照规定行事的做法"所用的词。我立刻就接受了这种说法，但为何如此呢？
>
> 一般来说，我认为我们现在之所以做某些事，是因为我们的前人也做了那些事。假如我们的前人换成了不同的人，我们现在要做的事可能就不同了。
>
> 这有点像"假如……那么就……"的假设性问题。例如，假设第二次世界大战的赢家是纳粹，那么现在我可能就不会坐在这里，用电脑书写这个主题了。我有可能不会出生到这个世上，或是在出生后就夭折，或是从事完全不同的工作。

　　同样的道理也适用于我们想达成的目标，以及我们达成目标的方法。

　　我很喜爱文学，但这是因为前人建立了一个文学世界。假如前人不重视文学，而是通过收集树叶来表达个人的情感，那么我此生的人生目标，就有可能变成收集树叶了。我自认不是那种极具创造性或革命性、非得闯出一条文学之路不可的人。因此，我有可能一辈子也不会去想文学的事，就算我想了，也只会认为它微不足道。

　　这个道理也可以用来说明"前人立下规范，后生晚辈遵从"这件事。

　　当我家草坪的草长得太高时，我不是把负责除草的人炒鱿鱼，就是打电话叫别人来除草。然而，我之所以会这么做，是因为我从小被教导要这么做，这是从小耳濡目染的结果。假如前人不认为整理草坪很重要，我非常肯定，我现在绝对不会想要处理草坪的事。而假如前人连草坪都没有，那么我很确定，我也不会在院子里种下一片草坪。好了，李维，回到正题。这番纳粹与照顾草坪的言论，到底和"绕过程序"有什么关系？

　　关联在此："绕过程序"这个词听起来好像是一件错事，就像"没错，你是把事情办好了，但你太爱表现、太难搞了。你是个叛徒，没有团队精神"。然而事实上，当你（正确地）"绕过程序"时，这显示出你了解大多数的程序是可有可无的，换句话说，没什么大不了的，它的存在只是为了达成目标而已。假如某些没人用过或想过的其他程序，可以帮助你更加顺利地完成工作，那么就采用吧。

我是怎么"绕过程序"的？我还记得，我曾经帮助某家书店，凑齐了他们所需要的书。

那天晚上，有一位知名作家要到那家书店进行签书活动。结果，那家书店突然发现，店内的书数量不够。

按照一般的做法来处理的话，我会告诉那家书店的采购人员，我无法帮他调到足够的书，然后就不管了。但是我绕过了标准程序，运用另类思考，超越了一般人对我工作的范围的认定。

我告诉这位采购人员几个我认为合理但他从来没听过的选项：打电话给这位作家，问她手边有没有书可以带来书店；打电话给这位作家的出版社，问他们能不能找出库存；假如出版社这个正常渠道也没有足够库存，那么就和这位作家的编辑联络，因为他的手边可能会有一些样书；向附近态度友善的书店求援；向附近的竞争书店买书，以保住颜面（假如他想要，我可以替他打这通电话）；告诉读者过几天会把书免费寄给他们，而且书里会附上作者的签名。

通过上述策略的运用，那晚的签书会顺利地画上完美的句点。这个故事也许不像前述纳粹得胜的假设那么震撼，但对我来说很有效。这个故事清楚地说明了绕过程序的概念，我采取了违反常规的方法，帮我的客户找书；我所做的事，超过了一般经销商业务代表的责任范围。

拉拉杂杂写了一大堆，我对"绕过程序"这个词到底做出了什么样的结论呢？假如你真的需要得到一个具体的答案，我会说：

不要神化大多数人遵从的习惯性做法。那些习惯性做法很可能是前人通过反复试验，摸索出来的方法。假如前人尝试的是其他方法，那么你现在要遵从的，就是另一套习惯性做法了。

在我们结束这个章节之前，请留意一下这件有趣的事：在本章的开头，我解析了"充分授权"这个词，并且在消极的情绪中结束了那段自由书写。而当我写到本章的尾声时，我解析了"绕过程序"这个词，以积极的精神来结束这段书写。这两段书写内容有什么相同与相异之处？也许你可以针对这个主题，进行一番自由书写。

快书写，慢思考

● **记忆要点**

· 进行词汇解析时，你要写出四样东西：要研究的词、这个词的一般定义、你对这个一般定义的看法，以及你对词的定义所提出的独到见解。

· 进行自由书写时，你要时时刻刻向自己解释，你为什么会有这些看法。当你这么做之后，你会发现，你既有的看法往往是没有根据的。那么该怎么办呢？请你花一点时间与精力，去寻找你认为合理的答案。

试—试

列出五个你从事的行业中所使用的专用术语，然后为每个词进行五分钟的解析。

放下自己的聪明才智

我参加过某个工作坊，那天的活动以商业管理作家的研讨会作为结尾。研讨会结束后，我和其他学员在餐厅里坐着休息。然后，我注意到坐在角落的一位女士。这位女士正拿着一支很粗的马克笔，在一张纸上画图。于是我朝着她走过去。

那张纸上密密麻麻地画满了东西，包括许多圆形、三角形和未完成的方程式。到处都有箭头指向每个方向。这张图复杂得吓人，就好像登陆月球的火箭发射计划一样。

我问这位女士，她在画什么，她的答案出乎我的意料。她说，她在用图解法，找出人们如何利用更清楚、更直接的方式进行对话。

这位女士说，她是某商学院的教授，她来参加研讨会是因为她想要写一本书，她认为她正在研究的沟通模式可以作为书的主题。但是，写书的进度很不理想，一点也不顺利。

然后，她向我解释她构思的沟通模式。这个模式极为抽象，很难令人把它和人类行为连接在一起。她并不是从日常生活中取材，来构思这个模式。她只是在一个理论上架构另一个理论而已。就在这个过程中，她遇到了概念上的瓶颈。

她谈论这个沟通模式和自己所遇到的难题，谈了二十几分钟，然后，她问我有什么看法。我只有在别人的要求下，才会提供意见，而现在她请我发表意见。于是，我指着那张纸对她说："请你记住，你画出来的不是现实状况，而是只适用于你自己的问题的解决模式。你画这个图的目的是澄清观念。假如它无法达到这个目的，那就把它简化，或干脆丢掉。假如这个模式会让你卡住，就表示它不是一个好的模式。"

这位女士听了之后不太高兴，但她懂我的意思。她以为自己需要提出一套抽象复杂的大道理才能出书，还要具备许多可变动的要素。所以她努力想要完成这个沟通模式。但是，将概念复杂化往往得不到好的结果。

有些时候，我们会急着想要展现自己的聪明才智。我们会被看似聪明，但在现实生活中无法实行的点子给困住。那么，该如何放下自己的聪明才智呢？

我的做法是，遵从肯恩·麦克罗里的建议，不要"在大道理上碰运气"，他说，"从事实下手"。

从事实下手是我们很容易就可以办到的事。因为这么做既没有压力，也没有模糊地带。你可以轻易地抓住事实。而事实可以让你的注意力焦点从盘根错节的概念，转移到具体的世界，它可以让你有所依据。当你累积了一些事实之后，往往更可以看出从前的角度没看到的解决方法。

那么在自由书写时，你该抓住哪些事实呢？答案就是：显而易见的事实。近在眼前的事实。

假设你开了一家小型的会计师事务所，而你想要发行一个电子化的业务通信刊物，但是你不知道该从何下手。

刊物里应该包含哪些内容？谁是最适当的读者？由谁来撰写内容？该如何发送出去？你该如何同时兼顾自身的工作与刊物的发行？

于是，你决定针对这个问题进行自由书写。那么你要从哪里开始？显而易见的事实是：

> 我想要发行一个电子化的业务通信刊物，可是我不确定该如何进行。让我们先从一些显而易见的事物着手。
>
> 我的的公司专为收入从五十万到五百万美元的小型企业执行会计业务。大多数是服务业企业。我们靠口碑得到了这些客户。还有什么事是显而易见的事实？
>
> 对靠数字糊口的人来说，我算是能写的。可是我写东西的速度很慢。以前帮校刊写专栏时，我通常要花上十个小时，才能写完一篇文章。我那时可以花十个小时来写一篇东西，是因为我还是个学生，时间相当充裕。这给了我一个点子。
>
> 在我们公司方圆百里内，有四所大学。也许我可以请这些学校的学生来帮我们写稿？我真笨！为什么不干脆找其他地区的学生来写稿？那我该打电话给谁呢？我想，应该是每所学校里负责学生实习或建教计划的人吧。好，现在我可以做一件事：与学校联络，寻找懂会计又能写作的学生。
>
> 再回到显而易见的事实。我现在订阅了七八份业务通信刊物，那些公司是怎么发行他们的刊物的呢？我想，那些刊物的最底端，应该会列出它们的发行渠道。我从来没想过这件事。所

以，我接下来要了解一下这个部分。

　　还有什么？这些刊物都是在一周的头两天寄出来的，也就是星期一或星期二，我想是吧。我应该去查证一下，这样我就可以知道发送刊物的最佳时间点了。

　　列出显而易见的事实，有助于让你原本紧张的大脑平静下来。一项事实往往会带出另一项事实，这是一个连锁效应。

　　你不需要按照任何合乎逻辑的顺序来列清单。你现在进行的是自由书写，因此，你应该运用自由书写的轻松态度，找寻显而易见的事实。你可以随心所欲地跳跃思绪，当你想到更有趣的事实，就立刻放下手上的那个。

快书写，慢思考

● **记忆要点**

· 有时候，我们的脑海中会冒出不请自来的想法，
  让情况变得更加复杂。

· 假如你的思绪被困在死角或是卡住了，那么就针
  对这个情况进行自由书写。将情境中显而易见的
  事实列出来，只要简单地记下事实，这些事实可
  以帮助你走出思绪的迷雾。

试一试

回想一个最近一直困扰着你的问题，一个看似没有解答的问题。然后针对这个情况中显而易见的事实，进行十分钟的自由书写。简单的事实就好：关于这个情况的事实、你有什么想法、其他人有什么想法、有哪些事已经做过了、有哪些事是可以试试看的、可能的阻碍是什么、哪些是合理的想法、哪些是不合理的想法……诸如此类的事实。不要试着做线性思考，想到什么就写什么，让一个事实引导出其他的事实。最后看看，这种做法是否为你的问题打开了通往另一条路的大门。

抽离的价值

　　当我进行团体课程时，我会请参与者坐在自己的位子上进行自由书写。我会问他们："你该如何在一个星期内，让生产力提高四倍？""有哪些事是你想做但还没做过的？"诸如此类的问题。他们用纸笔回答问题，然后我们再一起讨论他们所写的内容。

　　通常一整天的时间里，我都只让学员进行简短的自由书写，每次五到十五分钟不等。然而，当一天快要结束时，我会请他们到外面去，不中断地书写三十分钟。不骗你，每个人听到我的要求时，都像触了电一样。

　　他们觉得没有人可以连续不间断地写三十分钟。但从来没做过的事，永远值得你去尝试看看（只要没有危险）。谁知道会发生什么事呢？手抽筋？恶心想吐？产生幻觉？变形？找出答案的唯一方法，就是去试试看。

　　至少，这些学员回到家以后，会有话题可以对家人讲。不停书写那么长时间，或许比不上跑完马拉松或是爬上一座高山，但仍然值得一提。

　　总之，当他们在书写时，我会在他们的座位之间走动，查看他们的状况。我会不时鼓励他们，或是说个笑话。

我不会看他们书写的内容。尽管如此，我总是能察觉到他们灵光乍现的那一刻。当我走过某人的身边时，我会指着纸张的某处，然后说"你从这里开始讨论到一件重要的事"或是"你从这里开始文思泉涌"。

我几乎每次都说对了，学员们很想知道，我怎么会知道。

我的秘诀其实很简单：当他们开始书写时，总是一板一眼地写着，而且每个字都写得在格在线，非常整齐，但是，一旦他们放松下来感到疲倦，内在的编辑开始松手，并且开始书写发自内心的思绪时，他们的笔迹就会放松下来。

这个情况是在瞬间发生的，而且很容易察觉到，即使他们面对着我，而我只能倒着看他们的书写内容。他们的字体会开始变大、变潦草，一行字往往会占了好几行格线。此外，他们写出来的字，墨色也变浅了，这是因为他们不再那么用力写字了。

不仅是手的放松，也是脑的放松。就在这一刻，他们不再担心自己写的东西正不正确，或是语气是否有礼，他们开始运用另一部分的脑，挖掘出粗糙原始且有创造力的思绪。

后来，我调查了一下。我问这些学员，是什么让他们灵光乍现？他们给了我许多不同的答案。

有些人说，当他们觉得疲倦时，灵感就突然来了。就好像他们平常把所有的精力都用来维持思绪的严谨一样，一旦他们累了，就顾不了那么多了，于是就让思绪自然流泻出来。

另一些人则说，灵感是在他们探索某个思绪时浮现的。他们当时正在书写一些对自己很有意义的主题，当他们探索过所有的观点后，便进入了忘我的状态，被书写带着走。

　　然而，还有一些人提出了另一个不同的答案。注意力是否疲累并不是原因，他们也没有追随某个思绪。事实上，他们做的事恰好与追随某个思绪相反。当他们放弃原有的思绪，转而跟随一个更真实的新思绪时，灵感就自然浮现了。

　　换句话说，他们从原本行不通的思绪抽离，利用这个思路，让自己跳上另一个更好的方向。

　　帕特·施耐德（Pat Schneider）曾写道："抽离与连接同样重要。一个画面会触发下一个画面。这就好像有一个人想要利用溪水里的五块大石头，跨越湍急的溪流。他唯有踏上第一块石头，然后抛弃它，再踏上第二块石头，以此类推，最后才能踏上第五块石头，然后跃上河的对岸。"

　　所以，不要留恋没有用的思绪，这一点很重要。例如，不要认为你已经花了时间和精力思考某个解决问题的方法，于是你就必须紧抓着它不放。一个思绪会引发另一个思绪，这是连锁效应。以发射火箭为例，有些思绪就像火箭的某一节，当它带你进入高空后，就必须脱落，唯有如此，你才能顺利进入外太空。因此，每个思绪都对你有所帮助，但也同样可以舍弃。

　　当我需要抛弃某个思绪时，我一点也不会心软：

　　　　想要招揽更多生意的方法，就是写白皮书。哇！白皮书？我连假装有兴趣都做不到，这不是我的菜。我该想想如何加快演讲的准备工作了。那会是什么情况？

有时候，我会写到一半，就抛弃某个思绪，完全不打算将它写完，或是做任何评论。按了几次空格键之后，我就跳到其他的主题上了：

> 现在，我的工作主轴是想出策略。也许我应该加入一些执行的选项，比如书写计划。
>
> 我还记得，那天和杰克聊天，我们讨论到……

有些时候，当我正要从某个思绪中抽离，进入下一个思绪之际，我会思考一下自己学到了什么：

> 营销活动已经想够了，我接下来要思考一下其他的策略。不过，至少我从这个主题学到了：我需要找到一个可以与大众接触的固定渠道，而大众需要一个好的理由足以吸引他们定期造访我们。

针对"抽离"这个主题的书写，令我联想到我最喜爱的一篇文章——理查德·雨果（Richard Hugo）的《将主题一笔勾销》。在文章里，雨果谈到了如何教导学生写诗。他的建议也同样适用于点子发想与自由书写。雨果写道：

> 诗人写下了标题："秋雨。"他想出了两三个关于秋雨的好句子，然后情况开始变糟。他找不到任何关于秋雨的句子可说，于是他开始凭空捏造，走上扭曲、抽象之路，然后把他已经告诉我们的话，再解释一次。他所犯的错误，是他觉得自己所说的话必

须不离秋雨，因为他觉得那是诗的主题。老实告诉你，那根本不是诗的主题，你并不知道诗的主题是什么。当你实在想不出关于秋雨的可写东西时，就开始谈谈其他的东西吧。

当你进行自由书写时，你的书写内容是有生命的。只要你愿意放手，书页上的种种念头都可以自由改变。当思绪来临时，你必须以开放的心接受它最真实的面貌。当好东西出现时，就立刻抓紧它，不要管它是否符合你正在书写的内容，也不要害怕背离把你带到此处的思绪。

快书写，慢思考

记忆要点 ●

- 在进行探索性书写时，抽离与连接同样重要。把每个思绪与画面当作垫脚石，因为它们可以带领你找到你最需要的东西。
- 你可以自由决定要如何从某个思绪中抽离。你可以丢弃它、离开它，或是从中学到一些东西，这些方法没有优劣之分。

突破既有的假设与概念

几年前，我太太请我帮她设计一个魔术技法。要我设计一个魔术并不是什么奇怪的要求，因为四十年来，我一直对魔术非常着迷，而且还以魔术为主题写过几本书。然而，我太太的要求有个陷阱。

她需要的魔术技法并不是作为娱乐用途，而是要用在电脑课上。她正在上一门电脑语言的进阶课，这门课的老师给全班同学布置了一个作业，这个作业听起来很像读心术。

这个作业是设计一个程序，要在十次以内，猜出电脑从一到九十九之间选择的某个数字。

我拿起纸笔，开始自由书写。

"要电脑先选一个数字，"我一边说，一边写下，"然后问它：'你选择的是一位数吗？'假如电脑说'是'，那就从一到九逐一询问电脑，直到答对为止。假如它说'不是'，就把从一到九排除。接下来，问电脑选的是不是偶数。假如它说'是'，那就排除所有的奇数，假如它说'不是'……"

很快，我就完成了这个作业，我可以在十次之内，就猜出电脑选择的任何一个数字。我没有使用任何障眼法，而这也不是为了娱乐的用途，但至少，我完成了老婆大人指派的任务。我太太研究了一下我的笔记。

"太好了！"她说，"现在我只要把你写的数学算法……"

"等一下，"我说，"数学算法？我写的？你在说什么？"

于是我太太向我解释，能够创造出这个技法的所有步骤总合，都算是一种"数学算法"。事实上，她还称赞我有数学头脑。

"数学头脑？我念书的时候，数学时常不及格耶。"我如此说。

我创造了这个技法，但是我也被这个技法骗到了。因为我满脑子想的是技法，却完成了数学演算。

现在，我想问你一个问题：当你想着"技法"而不是"演算"时，你可以把生活中哪些事情做得比较好？或是换个问法：你该如何转换你已经知道的东西，来帮助你了解你不懂的事物？

我要提醒你的是，这不是在玩文字游戏，而是扭转观点，这个方法对于你如何切入问题有很大的帮助。

在上述例子中，假如我太太一开始要我帮她写一个演算程序，老实说，我根本不知道该如何下手。结果，我很可能会觉得很丢脸，而我太太则可能大失所望，并且我也错失了一个充满乐趣的经验。

用概念转换来解决问题，并不是什么新鲜的观念。概念转换是进行典范转移（paradigm shift）的一个方法。

典范是一个或一套情境相依（situation-dependent）的假设，它可以帮助我们解决问题。但遗憾的是，这些假设也会让我们看不见其他的方法。

1700 年前，人们相信地球是一片平坦的大地。就某方面来说，这个典范，这个假设，对人类是有益的，因为它提供了一套求生的原则。人们不会远行，因为……他们知道自己假如跑太远，就会掉下去。他们也不会到远方去做生意，因为……他们知道假如自己跑太远，就会掉下去。这个假设也许限制了他们的行动，却也让这个世界井然有序。这个假设害了他们，但也帮了他们。

今天，"地球是平的"这个典范似乎行不通。但是，我们的生活中也隐藏了各种典范，把我们限制在某些思考与行为的模式中。那么，你要如何找出这些典范并加以突破呢？就像我写出数学演算的方式一样：无意或刻意地忽略情境中的规则，并用新的规则取而代之。

在一开始的故事里，我用我所熟悉的概念（"技法"）取代了我不熟悉的概念（"演算"），借此推动情境的进展。但是，你也可以反其道而行，用你不熟悉的概念来取代你所熟悉的概念，让情境产生转机。

几年前，我正写一本关于说服术的书，有一位体育记者打电话给我，问我对某个新闻的看法。他说，职棒大联盟的某个球队把队上最优秀的两名球员释出，换来好几个默默无闻的菜鸟。这个球队的老板使用这种捡便宜的策略已经很多年了，他究竟为什么要这么做呢？

这位记者认为，两位明星球员的薪水分别高达数千万美元，而那些菜鸟每个人的年薪只有数十万美元，从这个角度来看，球队老板可以借此省下一大笔钱。

但是，这个球队也不是没有问题的。长久以来，它的球票销售成绩在职棒界始终是最差的几支球队之一。许多分析家指出，问题出在球队的经营者老是喜欢用明星球员去换便宜新秀。球队的支持者每年都觉得自己遭到了背叛，于是就用拒看球赛的方法来表达他们的愤怒。

这位记者问我，身为一个深谙说服之道的人，我会如何说服不满的球迷，花钱买票去看一群默默无闻的球员打球，而我又会给球队的经营者什么样的建议？

我第一个想到的是典范与假设的问题。从售票成绩长期不佳的事实来看，球队老板显然对经营球迷之道有一些奇怪的假设，或是没有看到其他的选项。要突破他们的盲点，一个可行的方法就是概念的替换。

"假如问题在于，如何为一群无名小卒，培养一大群愿意购票欣赏球赛的球迷。"我对这位记者说，"那么球队经营者该做的事情是找出有谁曾经解决了同样的问题。换句话说，就是有谁曾经从无到有，建立起最死忠的庞大粉丝团，而他们是怎么办到的？"

首先，我建议球队老板先去看看大联盟里的其他球队，也许他会从中找到感兴趣的策略。事实上，他们极有可能看到自己熟知的球迷经营策略，因为他们身处同一个领域，因此遵从类似的一套假设行事。

其次，他们可以参考北美地区的其他职业运动，如美国职业美式足球联盟、美国职业篮球联盟，以及美国职业冰上曲棍球联盟。他们有类似的球迷经营之道，但又不完全相同。

最后，我会建议球队经营者去看看其他国家的职业运动界，了解别人解决问题的方法。棒球运动虽然是美国发明的，但是最死忠的棒球迷却是在日本出现的。日本是怎么办到的？有哪些做法是美国可以效仿的？

然而，假如棒球的球队经营者想要学到一些新的东西，那么他们就要参考运动界以外的领域。在那些领域中，粉丝是通过什么样的理念与方法凝聚起来的呢？例如，政治界、音乐界、哲学界、医学界、制造业、工程界、都市规划、真人实境电视节目、社区运动等等。

　　向其他领域借镜，才有可能创造真正的典范转移。理由是每个领域都有其盲点，但各个领域的盲点很可能各不相同。当你从不同的角度来看待事情时，你就会得到全新的观点。

　　这位记者对政治界非常了解。他说，为一个默默无闻的人建立起广大粉丝群，他想到的例子是美国的民主党与该党提名的总统候选人约翰·克里（John Kerry）。当克里面对党内初选的竞选时，他还没有太大的知名度。因此，民主党必须要在很短的时间内，找到方法为他累积支持者。

　　接着，这位记者提到了民主党所使用的策略。他每提到一个策略，我们就将它应用在上述棒球球队的情况中。有些点子似乎很愚蠢，有些很普通，而有些则显得特别而且看似可行。这些绝妙的点子令我们开怀大笑，因为不久前，我们手上还空无一物。

　　那么，你该如何将概念转换运用在自由书写中呢？请你回答下列四个问题：

　　一、我想解决什么问题？

　　（用词不要太过明确，笼统一点。好的问题像："我该如何为默默无闻的人培养支持者？""当市场对某个产品似懂非懂时，我该如何销售这个产品？""我该如何降低成本又同时扩大市场占有率？"）

　　二、谁解决过这样的问题？

三、他们是怎么解决问题的?

四、我该如何将他们的解决方法应用在我的问题上?

我先前教你的方法都是立即可用的,但这次不同。这次你可能需要在进行概念转换之前,先做一些功课。这是因为你想借镜的是不同领域里的类似问题,你想要效仿别人的方法来解决你的问题。而那些领域的东西,不是你靠自己的脑袋想就可以知道的。当你研读过相关资料后,你就可以运用自由书写,探索概念转换的各种应用方法了。

快 书 写，慢 思 考

● **记忆要点**

· "假设"可以让我们的生活运作得更顺利。然而，
有时候原本对我们有帮助的假设，可能会因为我
们没有意识到它的存在，或是错用了而成为我们
的障碍。

· 我们该如何察知自己的假设呢？运用自由书写来
探索某个情境里的原则。

记忆要点 ●

· 探索原则的方法有两个：一、把问题中不熟悉的
部分当成自己熟知的。二、把问题中自己熟知的
部分当成自己不熟悉的。再对这两个情况进行推
论，然后看看这么做是否会推动情境的进展。

试一试

　　想出一个自己无法突破的"瓶颈"，然后针对曾解决类似问题的某个人，进行十分钟的自由书写。在与你相关和无关的领域，各找一个例子来试试看。假如你将他们所使用的某些策略，应用在你的情况中，会产生什么样的结果？

一百个点子比一个点子更容易取得

准备好了吗？我要告诉你一个可以让你终生受用的建议：当你必须想出一个点子时，不要只想一个点子，因为那个想法会害死你的。我可以提出四个理由来支持这个说法：

一、当我们只要找一个点子时，我们往往希望找到的是最完美的点子。结果会怎么样？我们对每个点子吹毛求疵，用显微镜放大它的缺陷，剖析它的所有缺点。没有几个点子经得起这样的检视。

二、更糟的是，这种吹毛求疵的态度给我们带来了令人失望的结果，并因此破坏了我们发想创意的能力。而受到挫折后的我们，会开始认为自己永远也找不到完美的点子了。

三、然后，我们会变得急着想交差了事，于是开始降低标准，接受任何找得到的点子。这种情况尤其会发生在头脑风暴时。忙碌的成员一直到最后一刻才召开头脑风暴会议，他们缩短会议时间、加速讨论的主题、内心感受到重重的压力。于是，在心照不宣的情况下，第一个还算可以的点子就成了"最棒的点子"。然后整个头脑风暴就朝着这个方向发展，每个人提出的意见都在迎合这个点子。现在，与会成员已经别无选择。因为他们把所有的时间和精力都花在这个点子上了，所以他们必须采用这个点子，无论它有没有问题。

四、承认吧，有时候我们之所以采用自己想出来的第一个点子，只因为我们懒得再多去想。想出一个点子之后，我们就不必再绞尽脑汁、费力思考了，可以回到平时那种自动式、反射性、无意识的思考模式。

假如寻找单一点子是个很烂的策略的话，那么，什么是比较好的策略呢？答案是：试着找出一百个点子。而找出一堆点子远比找出一个点子还要简单。但这怎么可能？

请把这两种方法想成两种游戏："想出完美的点子"和"想出很多点子"。这两种游戏的目标与策略截然不同。前者类似斗智的西洋棋，后者类似把一副扑克牌丢到地上，然后一张一张捡起来的无脑游戏。

目标

"想出完美的点子"的目标是找到一个很棒的点子。而"想出很多点子"的目标是找出一大堆点子。两者有很大的差别，不是吗？

策略

在玩"想出完美的点子"的游戏时，你必须创造与评断同时进行。这就好像在开车时同时要踩油门和刹车一样。而在玩"想出很多点子"的游戏时，你完全不需要做好与坏的判断，点子越多越好。这就像摘苹果，你不需要每摘一个苹果，就咬一口来判断它甜不甜。你只要想办法把最多的苹果以最快的速度摘下来，然后放进篮子里，你的工作就完成了。

显然"想出很多点子"的游戏很容易玩，也容易赢。但是当你需要一个最棒的点子时，这种方法怎么会比较好呢？答案很简单。

你不可能凭空得到一个最棒的点子。你必须要有材料、要有一堆点子，才能加以衡量与评断。假如你不把点子写出来，或是拖拖拉拉地才把点子写出来，或是太早给予价值评断，你就会没有材料可用。

你必须平等看待每个思绪。每个思绪都有可能是你要的答案，或是与你要的答案有所关联。正如威廉·斯塔福德（William Stafford）所说的："不论好坏，每个思绪都会带出下一个思绪。"

要玩"想出很多点子"的游戏，我们得先来看看，我所谓的"点子"指的到底是什么。

假设你经营一家古董家具店，而你想要提升家具店的知名度。你决定要成立一个博客。恭喜你，"成立一个博客"可以算一个点子。就是这么简单，门槛就是这么低。

你在博客里要放些什么？

> 点子：店里的产品展示。
>
> 点子：谈论古董家具的文章，但不要过度提及你的店。
>
> 点子：谈论18世纪的家具，这正是你的专长。
>
> 点子：谈论19世纪的家具，这也是你的专长。
>
> 点子：结合你的两项专长，谈论20世纪以前的家具。
>
> 点子：古董家具收藏家的生活风格，这表示你可以谈论家具、艺术、美酒、娱乐、旅游，诸如此类的东西。
>
> 点子：谈论生活风格，并且设定在一个星期的某一天，固定谈论某个主题，如"艺术星期一"和"美酒星期五"，等等。

　　我们可以继续写下去，但是，你现在应该懂我的意思了。要找到点子一点也不难。你应该把门槛降低，因为一个点子会带出下一个点子。所以点子越多越好。

　　在进行自由书写时，不要问自己："我能想出最棒的点子是什么？"而是问自己："我能想出的点子有哪些？"

　　当你想要解决一个问题时，不要问自己："解决方法是什么？"而是问："我可以用哪些方法来解决这个问题？"

　　已故的唐纳德·默里（Donald Murray）曾担任《波士顿环球报》（*Boston Globe*）的写作指导教练，他就深谙"多即是好"的道理。默里告诉报社的记者，文章的起头不要只写一个或两个方向，而是要先写五十到七十五个开头，然后从中挑选一个接续写下去。但请你不要忘记，他说这番话的对象是截稿压力极大的报社记者。

　　这些记者若要写出五十到七十五个文章的开头，他们就必须从各个角度切入主题，快速而随性地写。某一段可能是以某一句经典名句作为开头，另一段可能提出了一个惊人的统计数字，还有一段可能平铺直叙地详细报道细节，又有一段可能是报道中两位主角之间的对话，诸如此类。

　　这些记者可能会先花几个小时的时间写出这些可能的开头，仔细研究过后，挑出一个来，延续这个开头，着手写这则报道。

　　这种做法不仅不会浪费时间，反而可以节省时间，因为当这些记者着手写报道时，他们知道自己是从一大堆点子中选出最好的来写。

快书写，慢思考

记忆要点 ●

· 当你必须想出一个点子时，不要只想一个点子。
当我们试图寻找一个最好的点子时，往往会吹毛
求疵，对结果感到失望，最后狗急跳墙，随便找
一个点子交差了事。

· 试着想出很多点子。把门槛放低，只要你愿意，
一个点子会带出另一个点子，绵延不绝。

试一试

　　在未来两天里，针对某个最令你挂心的问题，运用自由书写找出一百个可能的解决方法。没错，一百个。你想出来的解决方法有些可能很普通，有些则异想天开，还有些可能很愚蠢。

学习爱上说谎

假如你像我一样，那么你可能会发现，要学习接下来这个技巧是一件很困难的事。因为它违背了我们从小到大的教养，以及我们为人处世的原则。这个技巧就是说谎。

你必须学习爱上说谎。请容我解释一下。

阻碍我们解决问题的原因之一，是问题似乎处于一个封闭的情境中。参与者、理念、冲突、过去的历史与目标等似乎都不会改变，没有选择的余地。

然而，如此僵硬死板的情况往往只是个假象。人、事、物是会改变的。你所处的情境之外，还有更大的情境，永远都有转圜的余地。

假如你能将自己从你原本认定的刻板情境中释放出来，采取不同的观点，你一定可以找到出路。

要采取一个不同的观点来看待看似僵硬不变的情境，其中一个方法就是说谎。

要对谁说谎？你自己。当你进行自由书写时，你可以对自己施展一个小小的魔法，帮助自己逃出封闭的情境，并借此拓展自己的视野。一个谎言可以引发一连串的连锁反应，让你的思绪向前推动。

假设你是一位电脑顾问，而你正面临一个难题：你无法既要服务好现有的客户，同时又能够开发新的客户。你为这个问题进行了三个晚上的自由书写，你把一大堆事实与选项丢进你的书写中。你觉得自己对情况有比较清楚的了解，但是对于解决方法仍然毫无头绪。

不过，你觉得有一件事应该很重要：你现有的客户非常高兴你总是免费为他们加班，他们将你那些不收费的超时工作，视为雇用你的"附加价值"。

你可以先将这个事实稍加扭曲，然后进行一个小小的实验。你要对自己说一个谎。

现在，你不但不再免费为你的客户加班，反而要向他们收费。不是随随便便收一点钱，而是一大笔钱，是你正常工时收费的两倍、三倍、四倍，甚至一千倍。

正常工时收费的一千倍？！这个点子听起来很棒。

现在，顺着这个谎言走。由于你的虚拟加班费变成了天价，那么情境中的所有事物会产生什么样的变化？尤其是与开发新客户有关的部分。

首先是你的客户会比从前更加珍惜你的正常工作时间。由于你的加班费是天价的，所以他们会把支援性的工作先完成，等待你运用专业来完成你负责的部分，因为他们不希望你超时工作。而既然你现在不需要花额外的时间在现有的工作上，你下班后的时间就可以用来规划与执行你的客户开发计划。

当然，就算你必须加班，你的加班费也高到足以让你不必顾虑开发新客户的事，至少在短期之内不必为此担忧。

惊人的加班费还可能带来什么样的结果呢？

公司可能会认为你的工作能力具有更高的价值,因为他们付给你的薪水大幅地提高了。

他们会开始给你大笔的奖金,因为他们不希望你跳槽到竞争对手那里。

知名的《财经》杂志与电视节目会大幅报道你一朝成名的故事。此时,你完全不需要思考开发新客户的事,因为你必须忙着婉拒无数家知名企业聘请你为顾问的邀约。

然后,你可以降低你的正常工时收费了,因为你的加班费和奖金已经让你变成了一个富豪。

或者,你可以采取相反的方法:提高你的正常工时收费,降低你的加班费;或者,你可以把两者都降低以节税;或者,你可能变成了国宝级的人物;又或者,你可以要求以钚元素(plutonium)作为报酬……

当你正在探索这些荒谬但有趣的情节时,毫无疑问地,你的心情会变得很愉快,原本阻塞的思绪也变得畅通无阻,不再受到现实的重重限制了。

当然,在某种意义上,这种书写看似浪费时间,因为上述的幻想情节不太可能会发生。然而,就另一个实际的观点来说,你为自己争取到了更多的时间,因为你创造出了很多原始素材,于是你可以从中取材,构思出可行的解决方法。

假如你所处的情境有某个元素是:

· 小型的,那么就把它想成非常微小或是极度巨大。

- 高大的，那么就把它想成六层楼高或是地下两层那么低。
- 红色的，那么就把它想成黑色或是旋涡纹。
- 时间紧迫的，那么就把它想成超过期限或是还有五十年的时间可用。
- 重要的，那么就把它想成极为关键或是非常普通。
- 纤细的，那么就把它想成极为瘦弱或是肥胖。
- 聪明的，那么就把它想成天才或是愚蠢。
- 丝绒的，那么就把它想成玫瑰花瓣般细嫩或是帆布般粗糙。
- 花费的，那么就把它想成投资或是破产。
- 大声的，那么就把它想成喇叭巨响或是轻声低语。
- 令人讨厌的，那么就把它想成令人无法忍受或是从天上掉下来的礼物。
- 不正常的，那么就把它想成诡异的或是自然的。
- 拥挤的，那么就把它想成爆满的或是空的。
- 滑稽的，那么就把它想成令人捧腹大笑或是事态严重。
- 湿的，那么就把它想成湿漉漉的或是像沙漠般干燥。

请记住，你永远可以从谎言回归到真实的状况。然而，假如你没有刻意利用谎言来启动幻想的情节，那么你可能永远也不会意识到，近在眼前的无穷可能性。

快 书 写，慢 思 考

记忆要点 ●

· 在"务实"的表面之下，我们时常过度设限。摆脱这个束缚的方法之一，就是在自由书写时刻意说谎，以测试其他的可能状况或方法。

· 当你进行说谎的游戏时，你可以随意在情境中挑选某个元素为目标，然后开始幻想各种可能的情节，直到现实被彻底摧毁为止。然后，再从书写出来的各种可能的状况中，过滤出有价值的点子。

试一试

找出过去两个星期里你观察到最有趣的一件事，然后进行十分钟的自由书写，特别留意书写中奇怪的部分。然后跟随这个部分，加以夸大，最后检视你书写的其他部分，是否也随之改变。

进行纸上对话

我：我最近的问题是，当我遇到来自潜在客户的压力时，心里往往会觉得很挫败。这份工作我已经做了这么多年，而且也帮我的客户赚了很多钱，我以为每个人都应该完全信任我，并且马上看见跟我合作能带来的庞大价值。我知道我不该有这种感觉，可是这种感觉就是存在。

大卫：其实这种感觉并没有什么不对，理由有两个。第一，你可以从过去的经验中知道，感觉是自然发生的，有时候甚至毫无迹象可循，因此你不需要为了某些感觉而感到不安；第二，假如你过去多年来真的帮助过很多客户，那么，那些潜在客户将来也很可能会从和你合作的关系中获益，只是他们现在还没有意识到这点而已。我看到的唯一问题是，当你和客户互动时，你让这些感觉影响了你的行为。例如，你用不好的语气和他们说话，或是没有兑现你的承诺。

我：对，这是个很好的观点。

大卫：是的，一个很实际的观点。

我：我来梳理一下，看看我的理解对不对：只要我还想要开发新客户，我就一定会遇到不认识我的人，或是没听说过我的人。因此，我的工作就是要接受自己的种种感觉，努力通过自己的一言一行，让他们了解他们为什么应该和我合作。

大卫：没错。

这段与知名的日本禅宗疗法大师大卫·雷诺兹（David Reynolds）的对话，让我获益良多。在这段对话中，雷诺兹提醒我，做自己力所能及的事，然后放下自己无力控制的部分。但是，关于这段对话，还有另一件事是你应该知道的：这段对话并没有真的发生。

雷诺兹这个人当然存在，而且我确实曾经与他对话多次，并且从中得到很大的启发。但是，上述的对话是我在自由书写时，自己凭空虚构出来的。我在工作上面临了一个问题，需要好好思考，而我认为，我笔下的雷诺兹可以帮助我，用具有建设性的观点来检视我的问题。同样地，我也可以召唤苹果电脑CEO史蒂夫·乔布斯（Steve Jobs）、美国女权运动倡导者苏珊·B. 安东尼（Susan B. Anthony）或是我家附近的杂货店老板来到我的笔下，听取他们的建议。因为自由书写的舞台无限宽广，所以我可以随心所欲地挑选任何人，轻松与他进行对话。利用自由书写与其他人进行对话，绝对是一种想象力的游戏。除非我实际与雷诺兹谈话，否则我永远也无法确知他会如何回答我的问题。然而，重要的是，这种间接的来自不同观点的对话，可以让进行自由书写的人受益良多。

这里有一个例子：商业书写顾问林恩·卡尼（Lynn Kearney）告诉我，她教过的一位企业主管，曾经在自由书写时利用想象式对话，想出了帮公司员工大幅加薪的方法。

她说，这位主管在要对董事会提出加薪报告之前的数周，就开始在一个笔记本内进行想象式的对话。到了真正要向董事会报告时，他已经能够轻松地回应董事会成员所提出的每个反对意见。他信心满满地走进会议室大门，然后带着给员工的大红包，满载而归。

进行纸上对话可以帮助你演练如何面对棘手的状况，整理出你已经知道的事，并与任何你想要的人物一同探讨某个主题。

进行纸上对话具有类似和酒保聊天的效果：你找到了一个倾听你说话的对象，分析自己的想法与处境。即使酒保的唯一贡献只是把杯垫放在你的饮料杯下，然后给你一张纸巾。

那么，你该和谁聊天呢？和各种不同的人进行天马行空的对话，可以帮助你打破常规：

- 和老是找你麻烦的同事进行纸上对话，找出他之所以如此讨人厌的原因。
- 针对你正在进行的计划，和有成功经验的同事进行纸上对话，找出他顺利完成计划的原因。
- 找一个观点与你大相径庭的人，与他讨论长期以来一直令你在意的问题。试着了解他的立场，设想他提出的观点，然后加以推翻。
- 与一个假想出来的人物对话，这个人综合了多位真实人物的想法与行为。
- 和未来的自己对话。
- 把自己从对话中排除，进行两个人的对话。例如，老子和某个傻瓜、你的会计和欧普拉、比尔·盖茨和一只会说话的狗。

虽然进行想象式对话能让你获益良多，却不容易做到。多年来，我读过不少自我成长的书籍，这些书的作者会鼓励我们成立一个自己专属的心灵导师董事会，成员包括多位正直且有智慧的人物。这个练习的重点在于让我们与自己崇拜的人物对话，尽管这对话只是我们想象出来的。

然而，当我安排好想象中的林肯就座后，往往就想不出还要邀请谁加入这个董事会了。

于是，我与这位美国前总统面对面坐在那里，但是我提不起勇气把那些工作和生活上微不足道的小问题拿出来烦他。即使我好不容易鼓起勇气提出了问题，他的答复听起来也像我自己想出来的，而不像他的想法。

事实上，每当我看到有哪本书要我和假想的精神导师对话，或是在他的引导下，从某个人、某个动物或是某个虚幻人物的口中，得到具体的解答，我就会把这本浪费时间的书丢给我的狗，让它开心地把它咬成碎片。既然如此，那么是什么原因让我改变想法，这会儿竟然乐于从想象式的对话中获益呢？答案是：我进行自由书写的经验。

在进行自由书写时，我意识到那些充满善意、要我与想象中的先知进行对话的作者，其实言之有理，但是他们忽略了实际执行时可能会发生的几个重要问题：

· 他们要我用脑子想我要问的问题,而不是用纸笔写出来。结果,我的思绪会在思考的途中偏离正题,一去不复返。

· 他们要我与充满智慧的人物进行对话,这样反而会让我吓得想象力尽失。事实上,我想象不出这位睿智的人物会说出什么充满智慧的见解,而这点令我感到失望,并且产生罪恶感。

· 他们要我用抽象的方式与我的精神导师对话,而不让我先将这位导师化为一个有血有肉的人。于是,我必须与抽象的人物进行抽象的对话,结果当然得不到什么具体的解答。

· 他们真正的目的不是要我与想象的精神导师对话,而是要我倾听他们(作者)想说的大道理。这种态度让我对这个练习变得不是那么有兴趣。

通过自由书写,我找到了让这个练习发挥作用的好方法。换句话说,对于该如何与想象中的纸上导师进行对话,我找出了两个指导原则:

原则一:在想象的人物开口说话之前,先让他们成为有血有肉的人。

原则二:让想象的人物迫使你开口说话。

我们来一一检视这两个原则:

在想象的人物开口说话之前，先让他们成为有血有肉的人

我先前提到，我非常不善于思考抽象的概念。在读书的时候，高等数学这种科目总是弄得我晕头转向，因为那些概念一点也不具体。（"老师，请把函数拿给我看，教室里哪里可以看得到它？"）对我来说，假想的人物也是如此。假如要和某人进行对话，即使这个人只有部分是想象出来的，我也必须要看到这个人，并且知道他做了什么事。

假如我要你与林肯进行一段想象式的对话，你大概会支支吾吾地扯一些和自由人权有关的话。假如我要你先对林肯这个人进行两分钟的自由书写，你可能会对他产生比较具体的画面。例如，你也许会想到美国的内战和葛底斯堡演讲文。然而，假如我要你对林肯这个人深入书写十五分钟，具体描述他的长相，并思考他的处境时，你书写出来的内容可能又大不相同了。

突然间，你想象出他的黑色长外套、高高的额头、浓密的胡须，听得到他那又高又尖的声音，并且闻得到他身上由于骑马所沾染的动物气味。你可能会问他美国内战的事，问他美国人为何要自相残杀。

假如你的思绪飘离主题，而你顺着思绪走，也许会想起小时候到华盛顿特区去玩的情景，你在那里看到了林肯纪念馆。然后你告诉他，你的这趟旅游经历，并且询问他，他对于自己的纪念馆以及美国的现状有什么看法。不论这段对话往哪个方向发展，我很确定你一定会觉得自己对林肯有比较深入的了解，至少不再仅限于五元美钞上的肖像而已。

这个时候，你可能比较能够把自己的问题拿出来问他（这个形象比较具体的林肯），并且期待与他进行一段突破性的有趣对话。

然后，你应该在这段自由书写的对话中，一方面扮演与林肯面对面的你，另一方面扮演林肯，想象出他可能会有的想法与行为。

这种角色扮演的练习其实并不罕见。许多小说家会为他们笔下的人物，创造出一套完整的个人档案。虽然这些细节并不会出现在小说中，但是这些作家并不认为创造出这些细节是在浪费时间，因为当他们越了解笔下的人物时，就越可以写出有趣的人物性格与情节。

角色扮演该进行得多深入？反正这只是你的想象，所以你可以随心所欲地进行。假如你知道这位人物的某些习惯用语或是习性，那么就让他尽量发挥吧。假如他喜欢说"嗯"，你就让他在纸上说个够。假如他兴奋时会拍手，那么就期待听到他的拍手声吧。

还有，你们的对话该在何处进行？通过电话？面对面？还是你正在和林肯吃晚餐？都可以。对了，他吃的是什么？（"总统先生，你要来杯矿泉水吗？"）你正在和他散步吗？很好，周遭的风景如何？（"总统先生，那是机场。"）先试着和这位人物在他平常出现的地方对话（待在白宫的林肯），然后再把他放到绝对和他扯不上关系的地方（坐在云霄飞车上的林肯）。你可以和这位人物进行多次纸上对话，留意他在什么样的情境下，可以给你提供最好的建议。

让想象的人物迫使你开口说话

假如上述天马行空式的幻想令你感到不自在，那么接下来这项原则应该可以让你安心一点。你仍然要和一个想象中的朋友进行想象式的对话，但你很清楚这只是一个想象的练习。归根结底，进行纸上对话只是一个假想的游戏。它只是一种通过某个人（顾问、航天员或是舞者）的观点，让你检视自己现状的方法。不论你从对话中得到什么惊人的忠告，它都来自你的大脑。假想的部分只是为了要帮助你从脑海中撷取最棒的东西。因此，这个"让想象的人物迫使你开口说话"的原则，主要是让你发挥你既有的智慧，而你想象出来的同伴只是你的听众而已。

换句话说，你仍然要进行"原则一"中提到的角色建构书写，但是，当你对于对话伙伴的形象有清楚的掌握后，就要让自己成为主要的说话者。你的同伴只是发挥类似纸上苏格拉底的功能，帮助你从自己的口中得到新的见解。

快书写，慢思考

记忆要点 ●

· 当你进行纸上对话时，你与某个人进行一段假想
  的对话，并通过他的观点看清自己的处境。
· 要进行有效的纸上对话，你要遵循两项原则：第一
  个原则是让假想的人物成为有血有肉的人，让他们
  栩栩如生地出现在你面前；第二个原则是让想象的
  人物迫使你开口说话，对于想象人物提出的开放式
  问题以及简短回应，你要充分地回答与解释。

试一试

　　针对自己想要深入思索的新机会（调到新的部门、研发某个新产品、写一本书），与一位假想的对象进行十分钟的纸上对话。

　　现在，从上述对话中挑出某个有趣的观点，以这个观点为出发点，和另一位假想对象进行十分钟的纸上对话。

　　以此类推，至少再进行两次"找出重点、想象新的谈话对象、进行十分钟的对话"的循环流程。

将思绪付诸纸上

请将自由书写想成一套环环相扣的元件。

第一天，你花三十分钟的时间，把你对于某个主题所知道的一切全写在纸上，然后不再去看它。

第二天，你把第一天写的东西看一遍，然后以它为基础，进行十分钟的自由书写，把最佳与最糟情境假设写出来。

第三天，用累积到目前的想法进行十五分钟的自由书写，让笔下的题材找到新方向。

你对成果并不满意，于是你决定采取其他的方法，也许你会进行一段二十分钟的"词汇解析"和二十分钟的"纸上对话"。

啊，这样好多了。在你随手抛掷在纸上的思绪片段中，你找出几个值得进一步探索的好点子。然而，基于某些理由，你在接下来的三天内都没有再写任何东西。

然后，灵光乍现的一刻出现了。当你坐在办公室的座位上，你打出去的电话被转到插拨等候的状态，于是你一边等一边听着披头士的歌，突然你灵光一闪。于是你随手抓起一支笔和一个皱巴巴的信封，花了四十秒把某个可行的解决方案写了下来——这个解决方案否定了你先前想出来的所有点子，但是它却是那些点子孕育出来的。在现实中，自由书写就是这样运作的：看似毫无章法，却极有成效。不过有些人所进行的自由书写却非常规律而且有章法；他们遵循一套有系统的步骤，规律地进行书写，借此开发出新点子。

假如你觉得这种方法听起来很有吸引力，那么请你拿出你的计时器和纸笔，因为我们即将要用极有科学效率的方法，来破解你的问题。

好，把计时器设定在，嗯，二十分钟好了，然后开始倒数计时。你要把脑中浮现的所有念头都写在纸上。换句话说，你要在纸上（或是运用电脑）对自己说话，从"轻松试"的原则开始，一路进行下去，直到你找到你最想写或是最困扰你的主题。

不要管你写出来的句子是否有趣。因为你的想法不需要遵循任何顺序。不要担心文法是否正确，就算错字百出，也不必在意。

请向你自己解释，你为何会写这样的东西。你说话的方式，就像你正在和关心你的好朋友说话一样。

也许你会写出这样的东西：

> 我坐在这里，像个傻瓜一样敲打着电脑键盘，因为我已经想不出任何方法可以从联合滑轮公司拿到更多的订单了。他们以前是我最好的客户，但是自从他们的采购主管换成艾美之后，他们就连电话都不回我了。

或是：

> 我答应马克要尝试这种自由书写的方法，但是这个方法好像

有点愚蠢。好吧，既然我已经答应他了，那我就来说说，让我有
点搞不清楚的那个状况吧……

　　假如你觉得自己的内心抗拒写下自己的问题，或是抗拒这种书写方
式，那么就写写你的感受。也许你想要骂人，也许你想要用有逻辑的方
式和自己说话，不论是什么，你都可以用你喜欢的角度来切入。如此书
写个五分钟，或是更长的时间，把实际状况和你的反应以最快的速度写
下来。假如你突然发现自己无话可说，那么就在纸上把自己无话可说的
情况照实写出来（"嗯，我还想说什么呢？我该说的话都说完了吗？这是
不可能的，因为这个问题一直让我很苦恼，我一定有其他的话想说。我
到底还想说什么？噢，对了……"）。即使你把已经写过的东西再对自己
说一次，也没有关系。不过，最后你总要把思绪带回令你困扰的问题上。
　　现在，把自己刚才写的东西快速看一遍，然后开始书写你的情况
中较顺利的部分。在你所书写的情况中，有哪个部分是你喜欢的？有
谁以行动支持你？你所做的是明智的决定吗？因为眼前的这个瓶颈应
该只是暂时性的。在经历这个问题的同时，你是否因此增强了一些能
力？准确地说，你的想法、行为与自由书写，究竟有哪些部分对你有
帮助？
　　针对上述问题，请你持续进行几分钟随兴且不停顿的书写。你之
所以回答这些问题，是为了要从不同的角度来检视自己的状况，而不
是为了要进行正向思考。
　　好，现在你已经把自己的状况写在纸上了，而且简短地检视过较
好的部分。接下来，你书写的主题要放在自己搞砸的部分。假如你需

要花一点时间看看自己刚才写的东西，那就做吧，但是不要陷入做白日梦或是重写的情况，而是要和自己讨论，你究竟哪里做错了，才会导致这样的问题。

也许你所做的事是根据错误的假设，也许你没有兑现你对自己或是他人的承诺。你在一开始书写的时候，应该多多少少提过这个部分了。假如情况确实如此，很好。很快地将这个情况提过一遍，然后针对你搞砸的其他可能原因，继续书写四到五分钟。

此时，你的纸上应该密密麻麻地写满了是哪些理性与感性的因素导致了你的现状。当你把想法写出来的时候，你同时也可能走上了找到解决方法之路。有时候，仅仅是把想法与事实写出来，就足以激发你产生具有建设性的解决方法，因为当它停留在你的脑海中时，只是一些模糊的意念。

假如你的情况不是如此，那么就问自己一个问题："还有哪些和这个情况类似的状况？"请回想你过去的经验、别人的经验，或是你看过的故事情节中，是否曾出现类似的情况（"这个情况令我联想到电影《终极警探》中，布鲁斯·威利斯把电脑丢进电梯井的那一幕。"）。

这种漫无边际的记忆搜寻，听起来也许很奇怪，但是许多认知科学家，如知名的罗杰·尚克（Roger Schank），认为它正是创造性思考的关键。你也可以从大自然、科学或是艺术中找到作为比喻的意象。（"我老是重复同样的行为模式，有点像小鸟总是会回到同一个地方筑巢。它们为何会如此？而我又可以从它们身上学到什么？"）

请记住，你不是在找寻完美的解答，你只是在纸上写满可能的答案而已。假如你的状况引发你联想到五个回忆，就算它们彼此可能互相冲突，也请你把它们通通写下来。例如，你是一个想要寻找工作机会的新手顾问，你没有（太多）担任顾问的经验，但是你有其他方面的工作经验。从那些经验中，找寻与你的现状类似的情况，然后很快地写下来。

假如你最接近的记忆与工作无关（"这让我联想到，我在高中制作毕业纪念册的情况"），也不要有任何顾虑，尽管把它写出来。请放心去追随那些看似愚蠢与离题的东西，因为它有可能会引导你走到重要的地方。

接下来，即使你必须勉强自己，也请你试着做出结论。根据你过去二十分钟所想与所写的内容，你接下来该怎么做？

现在，你也许可以更加看清楚问题的症结所在，而且你发现自己没有解决问题的技能。然而，你知道某位同事具备了这种技能。你该用什么方式和这位同事谈，好寻求他的帮助？你该在什么时机找他？你该如何知道这项工作已顺利完成？假如事情进行得不顺利，你接下来该怎么做？

请记住，你只是在找出下一步，一个可能的解决方法，一个可以尝试的东西。当然，假如你多进行几次自由书写，也许可以帮你找到新的观点，再通过这个新观点，找出解决问题的好方法。然而，最好的做法还是采取实际的行动（不论这行动是多么微不足道），然后将行动的结果写进下一次的自由书写中。

这种书写很像一套科学的方法。你要：

一、观察。

二、假设。

三、实验。

四、记录结果。

五、提问："接下来该做什么？"

在计时器铃响之前，不要停止书写（除非是身体不适，否则绝对不要提早结束书写！）。

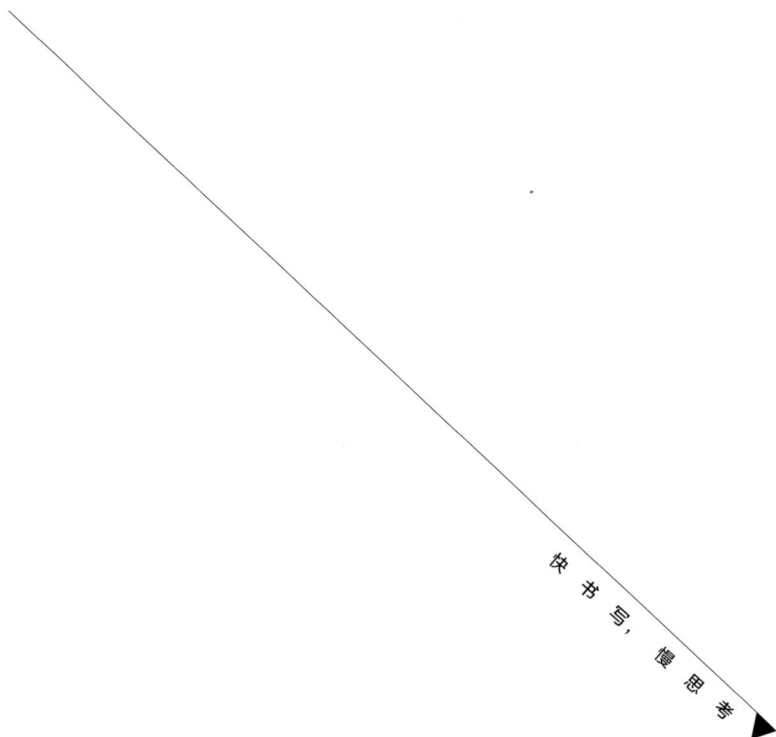

快书写，慢思考

记忆要点 ●

· 每次进行自由书写时，尝试设定不同的时间长度
　与采用不同的书写技巧。
· 假如你对于自己的问题或是书写的方式有任何抗
　拒，在纸上据实写出来。（"我实在不想这样做。"）
· 把情况的细节写在纸上，这个动作本身可能会引
　导解决方法的出现。

快 书 写，慢 思 考

● **记忆要点**

· 用前一次书写的某些内容，展开下一次的书写。

· 根据书写的内容，在自由书写结束前，告诉自己
接下来该采取什么行动。即使你的结论是"明天
再针对这个主题继续书写"也行。

试一试

针对"你在工作上做对了什么",以及"你在工作上做错了什么",进行二十分钟的自由书写。在书写时,不断回想与你的现状类似的情况。

书写马拉松

十分钟的自由书写，也许就足以让你找到解决问题的方法。然而，有很多时候，你需要更长时间的自由书写，不是十分钟，而是六七个小时。

对，我没和你开玩笑，持续好几个小时的自由书写。

长时间连续书写的缺点是：结束时，你会觉得腰酸背痛，头晕眼花。优点是：你可能通过书写，找到你一辈子遍寻不着的解答。

因为身心都必须为此付出代价，所以我只有在迫不得已时，才会使用这个方法。也就是说当我要寻找写书的题材、为客户的公司找出竞争优势，或是准备一个魔术表演时才用它，而且是在有截稿压力的情况下进行的。

书写马拉松的进行方式是：在脑海中想着主题，打开一个空白的文字档，把计时器设定为二十分钟，然后开始打字。

虽然你接下来要连续书写好几个小时，但你不能慢慢来。因为慢慢写会产生反效果。保持快速书写，让你的内在编辑无法监督你的书写内容。布莱伯利曾说："快速见真相。"

二十分钟过后，当计时器响起时，你就要停下来。这不是休息时间，你要把刚才写的东西看一遍，寻找其中是否有特别引起你注意的文字或概念。假如你觉得某一行文字非常有意思，也许它说出了一番道理，或是蕴含了某个你想延伸思考的概念，那么就将它画上底线。假如你认为某一行文字道出了精辟的见解，就把它标示成粗体字。

请注意：不要过度使用底线或粗体字的标示，否则重点将无法突显出来。只要把你想要回头再思考的文字或概念标示起来就好。

当你做完注解后，把全文再看一遍。为何要如此？因为你要找出接下来要深入探讨的主题。

- 是否有什么概念是你想要继续探究的？
- 是否有什么概念需要进一步澄清？
- 你是否想探讨某些概念之间的关系？
- 你是否找出了某个思考上的谬误，而这个谬误是当你将思绪化为文字后，才呈现出来的？
- 是否有任何问题令你觉得值得进一步探索？

你要寻找的，是某个可以作为思考起始点的概念，也就是埃尔伯所谓的"重心"。这个概念不需要具有深度，只要能引发你想写的冲动就行了——一个可能吸引你、让你开心或是让你心烦的概念。

我来举例说明，该如何运用起始概念。

假设你想要为你所从事的管理顾问事业找出竞争优势。在头二十分钟内，你针对你所提供的服务以及聘请你为顾问的企业，进行书写。

当你回顾刚才写的内容时，你发现虽然多年来你受聘提供多种服务，但是你最喜爱的四个客户都在请你做同样的事：团体咨询。这个发现很有趣，而你以前从来没有注意到这件事。

在接下来的二十分钟里，你的起始概念可以是：

"我所进行的团体咨询有何特别之处，可以让我最喜欢的客户如此欣赏我？"

"我该如何让团体咨询成为我事业的一大特色？"

"除了团体咨询，我最喜欢的四个客户还具有什么共通点？我该如何运用这个共通点，来吸引其他的好客户？"

"假如我让团体咨询成为事业的重心，我必须放弃什么东西？"

上述的例子都是以问句的方式呈现。其实，起始概念也可以用宣示性的叙述来呈现："我想要探讨将团体咨询变成事业重心的所有方法。"

当你找出起始概念后，让脑子专注于这个概念，设定二十分钟的时间，从这样的概念开始进行书写。

请跟着你的思绪走。假如你想要脱离主题，那就尽情离题地书写吧。就算出言不逊、挑衅，甚至诽谤，也没有关系。只要记得最后要回到你想探讨的问题就好。

当二十分钟的时间到了，你的计时器响起，就马上停下来。把你刚才写的东西看一遍，把吸引你注意的句子加上底线或粗体标示。重新找一个新的起始概念，重复同样的步骤。

我所谓的书写马拉松，就是这样进行的。进行二十分钟的自由书写，从中寻找起始概念，然后再次展开书写。如此不断重复进行，直到你再也无法进行下去为止。原则上，连续书写两个小时就可以达到不错的效果，但最好是连续进行六到七个小时。为什么？

因为你希望让脑袋清一清，让大脑能够深入挖掘出各种事实、见解、人物、故事、场景、细节与点子。通过书写马拉松，你可以让平时难以避免的惯性思考被迫停摆，然后你的大脑就可以向深处挖掘，挖出你想要的东西。

书写马拉松有一个重点，那就是美国诗人埃兹拉·庞德（Ezra Pound）大声疾呼的："要有新鲜感。"当你每次书写起始概念句时，切记要往新的方向发展。这一点至关重要。你不需要重复已经写过的东西，因为你只要点选"储存文件"的功能，你写的东西就会永久地保存下来。

你希望得到新的东西。强迫自己踏进从未去过的领域，即使必须刻意为之，而且会让你因此感到不自在，你都该这么做。追求新鲜与不确定的东西，朝向令你焦虑不安的地方前进。强迫自己针对平常不会涉足的领域进行书写与思考，不要写你已经知道的东西。诚如罗恩·卡尔森（Ron Carlson）所说："得到你所期待的，这样是不够的。"

当书写马拉松接近尾声时，应该有很多个解决方案等着你去尝试，以及大量的书写内容，可供你从中撷取只言片语或某些概念，作为你思考其他问题的帮手。

假如你还想学习关于书写马拉松的更多技巧，请参考埃尔伯的《魅力写作》里的内容。埃尔伯提出了许多很棒的观念与见解，教导我们如何进一步摆脱平常惯用的思考模式，借此得到丰硕的成果。

快 书 写, 慢 思 考

记忆要点 ●

· 短时间的自由书写可以帮助你得到问题的解答。
但是，假如你想要得到前所未见的创新点子，就
要考虑连续进行多次自由书写，持续好几个小时。
· 每次书写都要朝着新的方向发展，即使你必须强
迫自己，而且觉得很不顺手。

试一试

　　拿出早上的部分时间，针对你非常想要探索的主题，进行二至三个小时的连续自由书写。在进行书写时，不要接电话或回复电子邮件。

自我质疑

有一个顾问朋友告诉我，我得了一种"点子兴奋症"。也就是说，只要一听到有趣的好点子，我就会兴奋得不得了，然后身体就会出现种种"症状"。假如你偷瞄我在书房工作的样子，你会发现我坐在摇椅里摇个不停，不时用手猛拍大腿，然后兴奋地喃喃自语——这些都是我遇到特别令人兴奋的点子时的反应。

这本书写到现在，我从不约束我的点子兴奋症，放手让想法在纸上奔驰，向你诉说自由书写的种种奇妙之处。是的，我曾告诉你，假如你养成自由书写的习惯，你可以从中得到种种好处，包括工作上的精进与个人生活上的满足。然而，当我热切地与你分享自由书写的好处时，我可能会让你误以为，自由书写就像与美妙的点子热情共舞一样。假如我带给了你这样的假象，我在此向你致歉。

真相是：你在自由书写时可能写出了最棒的东西，但同时也可能写出了最糟的东西。除了糟糕的思绪会出现在书写的内容中，你那些徒劳无功的行为也会不时现身，令你沮丧地把头埋进颤抖的双手里。

简言之，你的书写内容会一再提醒你，你并不如你所想的那样聪明与有能力（你应该很高兴自己买了这本书吧？）。事实上，你会发现自己的身体与心灵，慢慢会开始对你自己的言行感到厌倦。

　　不过，请等一下：我有个好消息要告诉你！那些令你倍感消沉的书写内容，其实正蕴藏着希望，这是个令人又爱又恨的矛盾事实。当你看着出自你手的那些枯燥、毫无生气的书写内容时，你可能同时又会遇见促使自己改变的契机。

　　通过单调而又令人厌恶的事物，促成自我改变的这种奇妙现象，最早出现在我与英国诗人大卫·怀特（David Whyte）的访谈记录中，除了诗人的身份，怀特同时也是一位企业演讲名师。

　　只要聆听怀特朗诵一小段诗句，你就有可能会重新评价自己的人生。怀特就是这样一位诗人。然而，即使拥有如此优秀的能力，也不足以让各大企业争相邀请一位诗人到公司演讲。但是，怀特就是具有这种魔力。他的电话总是一年到头响个不停，因为有许多跨国大企业都想邀请他利用诗句的力量，激发员工与市场的改变。

　　当怀特站上讲台时，他想要达成两个目的：第一个是引发人们对诗的兴趣；第二个是激发人们通过诗文，以企业为核心，开始进行有意义的讨论。

　　我们假设怀特受邀到×公司，他与×公司的主管讨论一些重要的问题，包括为何公司内部多次反复讨论，仍然无法解决问题。

　　然后，怀特会根据这些主管告诉他的情况，当众朗诵一些诗句，包括意大利诗人但丁、英国诗人柯勒律治（Coleridge）、美国诗人威廉·卡洛斯·威廉斯（William Carlos Williams）以及其他诗人的作品，这些诗人的作品早已铭刻在他的记忆中，因此他可以信手拈来，随口朗诵。接着，他会引导所有人通过诗句中的隐喻性语言，针对公司所面临的瓶颈，进行热烈的讨论。于是，员工的纪律问题可以通过《贝奥武夫》(*Beowulf*)的生动意象点出,而未开发市场的商机,则可以在充满海洋象征的《古舟子咏》(*The Rime of the Ancient Mariner*)中,找到答案。

突然间,×公司的人以从未设想到的方式,开始讨论公司的问题,并且得到深入的见解,最后将这些见解转化为可行的解决方案。对于人们如此的反应,怀特说:"当人们找到语言来谈论更高层次的事物时,会变得非常兴奋,因为他们现在可以踏入从未涉足过的领域了。"

在某种意义上,怀特通过已故诗人的智慧,在商业世界为这群21世纪的企业员工,创造出一种充满无限可能性的氛围。他深知,当人们摆脱惯用的语言,开始以不同的方式说话时,即使是最复杂的全球性问题,也可以得到解决。

我为什么要对你说这些?

怀特除了亲身体验到新奇的语言与意象可以激发企业员工产生新的观点,他还意识到,激励改变的传统动机,并不一定能有效激发改变的产生。这个道理是在我与怀特访谈时,他告诉我的题外话:

> 我:你热爱像柯勒律治之类的许多诗人,但是你却可以发出属于自己的声音。你是如何让自己不受前人诗文的干扰,维持自己的独特写作风格的?

> 怀特:从模仿开始做起,因为一开始你完全不知道该怎么写诗。那些诗人写出了不朽的杰作,所以你先模仿你喜欢的诗,写出类似特德·休斯(Ted Hughes)或谢默斯·希尼(Seamus Heaney)或是里尔克(Rilke)的作品,并没有什么不好。然后,

你一边写一边慢慢找出属于自己的声音。最后，你会发现自己写的东西已经不像里尔克或希尼的作品了，套句玛丽·奥利弗（Mary Oliver）的说法：你"慢慢地找到了自己的声音"。

事实上，要找到属于自己的声音，有一种广为人知的方法：模仿他人，直到你厌倦模仿为止。

许多关于写诗的原则，归根结底讲的就是要"对自己感到厌倦"，而我对这个道理深信不疑，是因为当你对自己感到厌倦时，你就会开始改变自己。我的意思是，即使你陷入泥沼，但假如你能据实描述出自己被困住的状态，那么你就会马上意识到，你不能再这样继续下去了。因此，你只要据实说出或写出自己被困住的状态，或是自己孤立无援的状况，就可以为自己打开一扇通往自由的大门。

怀特所用的语言对我来说振聋发聩。"厌倦""困住"和"孤立无援"并不是一般企业在激励员工时会使用的字眼，但是怀特选择了这些词汇。这些词汇似乎如此平凡、琐碎，而且只顾及自己，但一针见血！因此，真正的问题在于：我们该如何辨识出（并有效处理）工作中潜藏的倦怠警讯？

根据我自己所写的内容，以及学生与我分享的自由书写内容，我列出了一些倦怠感潜藏的所在，你可以在自己的自由书写内容中，寻找蛛丝马迹：

· 你的思绪老是绕着同样的事情打转（"我真的应该要完成

×××")。

· ……同一个人（"简娜是找到解决方法的关键"）。

· ……同样的意象或比喻（"这个市场就像香体膏一样"）。

· ……同样的语言（你在同一张纸写了四十二次的"努力工作"）。

· 你急着逃避令你不愉快的场景（"我今天把讨厌的文书工作都做完了"）。

· 你不断地找自己的碴（"我简直烂透了"）。

· 你不断地找别人的碴（"巴尼简直烂透了"）。

· 你认为你已经尝试过所有的可能方法，你已经走投无路了（"这是第十个、也是最后一个行不通的方法"）。

· 你认为情况已经无法挽回了（"已经没有希望了"）。

· 当你（对着自己）朗读书写的内容，读到某一段时，你会突然变得犹豫不决或是开始颤抖。

请你不要在看过一两页自己的自由书写内容，并在当中搜寻到上述的某个警讯时，就立刻大叫："啊！我就知道！我出现了倦怠的征兆！"更糟糕的是，你开始进行一段自由书写，结果把一个或多个警讯"不小心"写进去，然后以为自己有了新发现。

找到倦怠感并不是值得你加以练习的事，这和在拜访新客户时与对方称兄道弟一样不可取。察觉倦怠感的价值在于，让你意识到它的存在——你一直忽略了它所发出的警讯。

假如你发现了倦怠感的踪迹，请留心它出现在你生活中的何处。假如这个踪迹并不明显，也请你不要展开全面搜索。

那么，假如你发现了上述的某个警讯，或是某个我没有提及的警讯，你该怎么办呢？什么事也不要做。因为感到倦怠、无聊、无趣是人性的一部分，不论这是先天还是后天因素造成的。有时候，处理倦怠感最好的方法，就是放任不管。

然而，你该如何辨别，你的书写内容呈现的是无益的倦怠感，还是有益的停滞期？我们再回到怀特说过的话来寻找答案。

假如你还记得，他说：

> 即使你陷入泥沼，但假如你能据实描述出自己被困住的状态，那么你就会马上意识到，你不能再这样继续下去了。因此，你只要据实说出或写出自己被困住的状态，或是自己孤立无援的状况，就可以为自己打开一扇通往自由的大门。

请将"据实"这个词深深铭刻在你的脑海中，因为它是自由书写最好的朋友。假如你将某个计划是如何失败、某个协商如何破局、你的事业如何停滞不前的状况，据实写出来，奇迹就会发生。你的头脑会突然变得明澈如镜，这清明的状态可能只有在你多次尝试据实书写后才会出现。它就好像当你把窗子打开时，清新的空气令你的头脑突然清醒过来一样。

这种明澈的状态可能会指点你好几个方向。它也许会说：对，你对这个状况已经感到倦怠了，你必须做一些改变，计划如下。或是：你正走在烂泥巴里，你唯一该做的是坚持到底，继续走下去。那么，你究竟该如何施展这个"据实书写"的魔法呢？

快书写，慢思考

记忆要点 ●

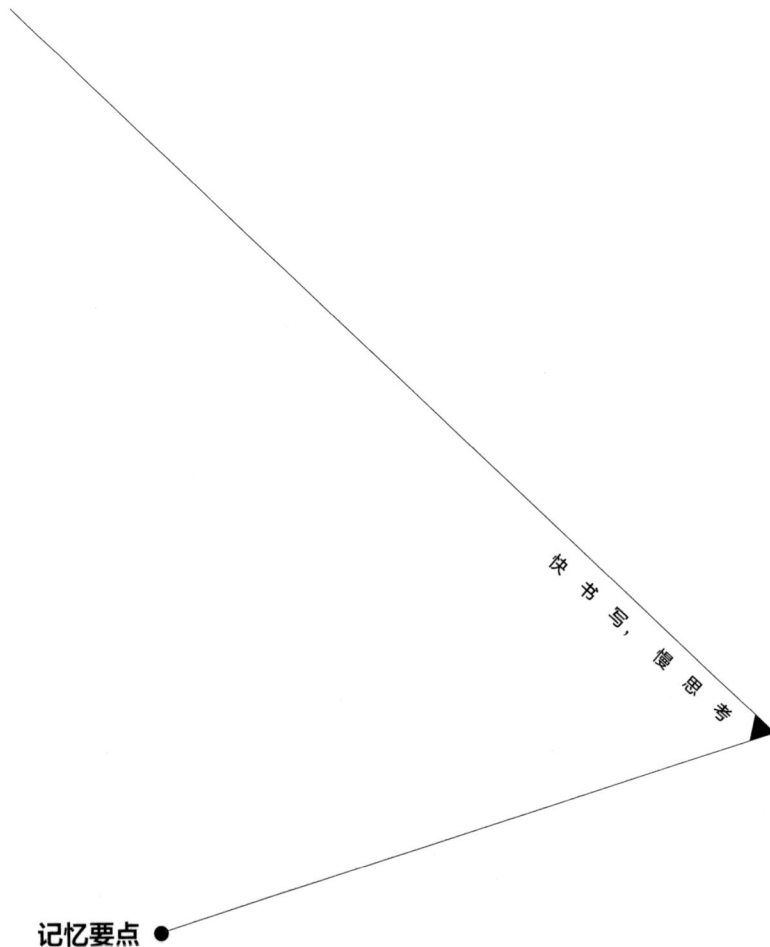

· 假如你诚实地把所有想法写出来，你就可以找到
需要改变的地方。

●
试一试
●

　　针对某个令你身心俱疲的状况，进行十分钟的自由书写。不要试图找出解决方法，只要尽可能地详细描述这个状况就好。

据实书写的魔力

假如现在我要你把自己的倦怠感或是被困住的状态，精确地据实写出来，你知道你会写出什么东西吗？虚构的故事。

要求你以外科手术般精准的方式，据实谈论你的状况，其难度就像要求某个跳伞者准确降落在直径三十厘米的圆圈内一样，根本就是缘木求鱼。

第一，你不可能确知自己的动机，更别提别人的动机了。

第二，倦怠感是累积而成的，要你简单摘要出一个经过长时间发展的曲折问题，简直就是在开玩笑。

第三，要求你简述自己的问题，其实反而会造成反效果，因为你会在脑海中从不同角度反复思索这个问题，希望让先前从来没想过的观点，突然浮现。

因此，要"据实"书写倦怠的状态，并不是把思绪变成像激光切割刀一样精准，而是把一大堆文字丢到纸上，按照那些文字来做。

让我们换个方式，用一个故事来说明。20世纪60年代中期，早在还没写出《太空英雄》（*The Right Stuff*）或《虚荣的篝火》（*Bonfire of the Vanities*）之时，汤姆·沃尔夫（Tom Wolfe）有一次要为某个杂志写一篇他很想写的文章，但因为这篇文章主题相当特殊，他苦思不得最合适的切入点。

他想要侧写某个定制车设计师精心设计一个特技表演的经过。沃尔夫知道这是一篇重要的人物报道兼社会评论，但他不知道该如何下笔。

眼看截稿日期就要到来，焦急不已的沃尔夫只能打电话给编辑，坦承自己陷入了倦怠与肠枯思竭的状态。关于这段对话，沃尔夫如此写道：

> 他（杂志社的编辑）告诉我，只要把重点笔记打出来寄给他就好，他会找别人来写这篇文章。因此，那天晚上大约八点的时候，我开始以写备忘录的方式把重点打出来，以"亲爱的拜伦"（这位编辑的名字）作为开头。然后，我从我在加州第一次见识到定制车的经历写起，我记录下一切，像个疯子般写了好几个小时。我可以感觉到有些事发生了……当我把细节写下来后，我突然看清了一切。

经过八个半小时不假思索的马拉松式书写后，兴奋得睡不着觉的沃尔夫把他的"笔记"拿到杂志社去。结果，杂志社当下决定把"亲爱的拜伦"字样拿掉，然后将其余四十九页的内容原封不动地刊登出来（而不是原本规划的两页文章）。就这样，一位世界顶尖作家的独特写作风格，就此诞生了。

对我们来说，沃尔夫是否因此成为一位成功的作家，并不是那么重要。我们要注意的是，沃尔夫所展现的狂热且不中断的书写方式，以及他为了达到这个目的所采用的方法。现在，我们来检视一下，沃尔夫写这个备忘录的对象是谁、他所采用的"记录下一切"的原则，以及他巨细无遗的态度。

书写对象

我所谓的"书写对象"，指的是沃尔夫写备忘录的对象，也就是《时尚先生》（*Esquire*）的总编辑拜伦·多贝尔（Byron Dobell）。现在，你也应该开始以多贝尔先生或是其他知名的编辑为对象，进行自由书写，并且从此在文艺界大放异彩，跻身畅销书作家之列？（假如你的答案是肯定的，那很好。但为了要让我能够继续说明下去，我们假设你的答案是否定的）基本上，你的书写对象只有你自己而已，而且本来就应该如此。你的书写内容是机密资料，只有你自己才能看，假如有人想要偷窥这些内容，你应该挺身捍卫这些资料，保护它们的隐私性。（假如你想要公开发表部分书写内容，那也是后来的事。）

但假如你知道你书写的内容是要给某个人看（即使这个人永远也不会看到这些对话），那会发生什么事呢？你觉得这种心理转换会影响你思考的方向吗？答案绝对是肯定的！

请你试着做做看：专注思考某个主题，一个你自认擅长的领域。好，假如我现在要你以这个主题，对着满屋子的外科医生进行二百五十秒的演讲，你会怎么为这群听众准备一份可以吸引他们的演讲稿？虽然你的演讲题材（向心脏科医师推荐的折纸技巧）并不属于某个专业的领域，但是因为你演讲的对象是一群高知识分子，所以这个事实很自然就会影响你说话的方式（我可以使用"门外汉"或是"冥顽不灵"这类词汇）。

现在，把你的演讲对象改成满屋子的高中生。当然，高中生有可能和知名的政治人物一样聪明，但你不可能把你专门为外科医师编写的演讲内容，拿来对着这群青少年讲，对吧？你一定会重新调整你的内容。而当你进行修改时，你同时也开始针对听众的属性，以不同的方式思考你的题材。

在你书写的过程中，试想这种听众改变的做法，尤其当你要书写的是自己的倦怠状态（这几乎就和进行纸上对话一样，只不过你的对象正一言不发地专注听你说话）。当"亲爱的拜伦"这个词发挥神奇的力量，让沃尔夫自然而然地调整思绪时，他也开始通过新的观点，看待自己的题材。换句话说，当你试着向你的老板、配偶、朋友、敌人、查账员、业务员、营销人员、仓管人员、工友、最喜爱的演员、最讨厌的演员或是某个历史人物，写一封不会寄出的信时，这种自由书写有可能会为你的大脑打开几个新的通道。假如你认真尝试和不同的对象说话，你就会很自然地开始涉猎你从未接触过的观点。

记录下一切

由于沃尔夫不确定文章该往哪个方向发展，也不知道什么是重要的，什么是不重要的，所以他一股脑地把所有他记得的内容全写出来了（还记得吗？他写了四十九页）。套句他的说法，他"记录下一切"。那么，沃尔夫所谓的"记录"，到底是什么意思？当我思考这个词时，我想到的是一个会计把数字写在一个大账本里的画面，这个会计不做任何评断或思考，只是尽职地完成抄写的动作。而我认为这正是沃尔夫当时所做的事，也是我希望你做的事。当你要检视自己的倦怠状态时，你把浮现在脑海中的一切都"记录"下来，不论内容是否与你要思考的主题有关。假如你想对自己记录下来的内容进行评断，请便，但不要把已经写出来的东西划掉，或是不去思考自己为何该受到批判，就开始严厉指责自己写的内容，或是开始注意修辞。

请用"记录下一切"的原则来鼓励自己，把没说出来的话都表达出来。就像会计没有权力因为他对数字不满意就修改他写进账簿里的数字一样，你也没有权力修改浮现在你脑海中的思绪。假如你对那些思绪有意见，你可以用接下来的句子加以评断，但是不要在还没将那些思绪写下来之时，就将它抹杀掉。

巨细无遗

根据怀特的看法，"据实"描述令你感到倦怠的某个状况，可以帮助你改变这个状况。也许是通过你对这个状况的观察，或是你开始意识到它的存在，或是你为了要打破这个状况而拟订改变的策略。此外，在检视沃尔夫处理类似问题的方法后，我们了解到，要"精确"描述自己的状况，你需要的并不是经过精心挑选与整理的语言文字，而是要选择自己从未接触过的听众，通过他们的眼睛找到新的切入观点，同时要记录下浮现在脑海中的所有思绪。接下来我要解释，前述摘录自沃尔夫的文字中，有一个耐人寻味的句子"当我把细节写下来后，我突然看清了一切"，它究竟是什么意思。

当我们说"要注意细节"时，言下之意其实充满了责难的意味，意思是要叮嘱某人专心做事，不要像以前一样把事情搞砸了。然而，当你仔细检视事物时，你会发现每样事物同时具备了简单与复杂的特性，而这个发现将会使得这些事物变得极具美感，令人着迷。

我知道上述说法非常抽象，现在我换个方式说：假设你是某家出版社的营销人员，你的职责之一，是把公司即将推出的新书宣传活动，用电子邮件发送给所有客户。这项工作听起来很重要，但是你发送出去的信息其实大多很无趣：也许是报纸上刊出的书讯简介，或是作者在深夜广播节目的访谈内容。于是，你把注意力转移到其他的工作上，而不是花更多精力，利用更多细节，把这封宣传邮件写得更加吸引人。结果，你的怠惰引发了更强的怠惰倾向，到最后，你发现自己完全不想碰这项工作了。

然后，你以这个倦怠感为主题，进行自由书写，你将它称为"整天压得我喘不过气的重担"。你决定做个小小的实验，既然公司出版的书不再新鲜有趣，而且那些作者也不是媒体追逐的焦点，那你何不在宣传邮件中加点刺激的东西，为自己和客户创造一点价值呢？

你造访了许多书店、图书馆与网站，找到了许多文章，主题是关于如何让宣传邮件引起收件者的阅读兴趣。你的手里拿着一支笔，开始在这些文章上画重点，找出可以吸引读者的注意力并让他们对全篇宣传邮件保持兴趣的方法。在进行自由书写后，你从中整理出可用的内容，写了一封超越以往水平的宣传信。你把这封信发送出去，然后做一些后续的工作。并不是所有收件者都会读你这封信的，但是至少会有一些人看过。你可以去和这些人聊聊，找出他们想得到什么样的信息，以帮助公司卖出更多的书。

有一家书店的老板告诉你，有几个聊天室的讨论主题与你公司的出版主轴有关，也许你可以研究一下，向这些社群推广销售。于是你开始打一些电话，做一些实验性的尝试。

通过自由书写与实际的生活经验，你发现你已经忘了倦怠这回事。你的脑海中已经将倦怠归类到"无聊"的类别，并且从此不再理它。当你仔细研究令你觉得无聊的事物，以及你可以如何从那里出发，踏上新的方向，你也让自己活了过来。这次你不再被倦怠感牵着鼻子走，反过来让它接受你的差遣。

我想，我现在应该已经说得很清楚了：书写细节可以让主题脱离抽象的层次（例如，一辆汽车），进入实际而具体的层次（一辆配有黑色皮椅的红色火鸟，挂在天线上的小国旗会随风飘扬）。

在你打开电脑，针对本章教导的内容进行自由书写之前，我想提供给你一个尝试"据实"书写的建议清单：

一、从问题中最令你感到困惑的部分写起。问问自己：我为什么会卡在这里？

二、记录下你现在对问题的看法，以及问题刚出现时，你当时的想法是什么。比较一下你的前后想法有何不同之处，为什么会不同？

三、在心中检视整个状况，检查自己是否把所有相关的人都考虑进去。

四、当你要分析别人的行为时，请尽量描述你观察到的行为；虽然我们时常认为我们知道别人在想什么，但其实不然。

五、假如你觉得要在纸上据实写出自己的状况有困难，那么请遵照埃尔伯提出的方法来做。埃尔伯告诉他的学生："不要管文字了，张大眼睛看。"埃尔伯的意思是，尽量唤起自己最生动的记忆。你在那个情境中看到、听到、摸到、闻到与尝到了什么，然后将这些强烈的感受化为具体生动的文字。现在，通过从自由书写得到的新观点，你也许已经可以为一开始令你感到困惑的问题，找到可能的答案了。

六、不要假设你的倦怠感需要被"解决"。你可能需要任它自行发展，又或者，它会自行解决。

七、你是否真的尝试过某个解决方法？或者你只是以为你知道事情会如何发展。请把这两者分清楚。我们时常以为我们已经试过了，所以我们的脑子就提前停止了思考。

快书写，慢思考

记忆要点 ●

· 要进行据实书写，切入重要事物的核心，你必须
诚实具体地将你所想、所看、所感受到的一切，
如实倾倒在纸上。竭尽全力详细描述，并期望稍
后能在书写内容中，找到几处能够反映事实或是
引出解决方法的文字。

快 书 写， 慢 思 考

● **记忆要点**

· 以各种不同的人为对象，进行书写。

· 要做到诚实书写，最可靠的方法就是如实写出具
体的细节，并且以厨房语言描述自己的思绪。假
如你的大脑告诉你要写 X，你就写 X，即便写 Y
会比较合乎逻辑。

试一试

　　针对某个糟糕的情况，进行十分钟的自由书写，但是要以情境中的某个人作为书写对象（例如"亲爱的拜伦"）。你要对这个人如实描述细节，尽量把所有想得到的东西都丢到纸上。当计时器响起时，再针对同一个情况进行十分钟的书写，但这次的对象，是你某次顺利完成工作的情境中的某个人。然后检视一下，转换对象是否让你对这个困境产生了新的看法。

从商管书中撷取精华

在本章中，你将要学习如何阅读一本商管书，并且针对书中的宝贵观念，以自由书写的方式提出同意和反对的意见，借此将这些观念转化成你自己的观念。假如某本书中的概念写得很棒，你就可以把这些概念掌握得更好，甚至知道该如何在现实生活中加以测试运用。假如某本书写得很糟，那么你也可以通过反对的方式得到收获。你必须主动与书本的题材进行对话。这是本章和本书的重点，也是这个方法的重点。

好，现在你需要准备一本你感兴趣、想要仔细研读的商管书。没有必要去找一本令你反感的书来折磨自己。当你阅读这本书时，尽情在书上画底线和做标记。不要把书当成供奉的宝物，而是要把它变成专属于你的书。当你看到令你想要重读的句子、令你想深入思考的段落，或是你日后想要查证的事实，请做上记号，这样你以后才能很快再找到这个部分。

你所做的，是把让你产生共鸣与特别有感觉的部分标示出来。换句话说，你将书中的精华画上记号。此外，不断画圈、画线的动作还可以让你保持警醒，强迫自己留心阅读作者提出的概念，即使作者的书写方式可能不符合你的喜好。

当你在阅读时，假如你有问题想要问作者，就把问题写在书上空白的地方。同样地，假如你有任何心得，也要马上写下来。千万不要以为那些心得想法就和爱因斯坦的相对论一样优秀，会永远停留在你的脑海中，所以你可以等晚一点再把它记下来。这是不可能的。因此，即使冒着把书的内容盖过的危险，你也要马上把那些稍纵即逝的思绪写在书上。此外，不要吝于画线，因为假如你不立刻把令自己心有所感的部分标示出来，当你把书本合上之后，就再也找不到了。这是一个很现实的问题。我们有太多的东西要读、要学、要做，除非你觉得这本书特别有价值，否则你很可能只会看过一遍，之后只有在需要查询你曾画下的重点时，才会再次翻阅，而你没有画线的部分，就好像不曾存在一样。

在把这本书变成专属于自己的书的过程中，你可能会遇到一本让你一点感觉也没有的书，书中只有几个词汇值得你深入思考。也许你想要把整本书看完，再进行自由书写。不过，大多数的情况是，当你看到有趣的主题时，你的思绪就会开始蠢蠢欲动，逼得你必须暂时停止阅读。把一段值得玩味的文字摘录出来，抑或是用自己的话叙述一遍，然后针对这段文字进行十至二十分钟不间断的书写，将令你感到兴奋的思绪都倾吐了出来。

我以一个例子来说明。我为威廉·J.哈德逊（William J. Hudson）的《智力资本》（Intellectual Capital）开了一个自由书写的电子档，我把心中对此书观点的疑惑、同感与偶尔出现的讶异，洋洋洒洒地写了十页。以下是我从书中摘录的一段文字，以及我对它的回应：

　　冀望这个世界可以简化为几个所谓的趋势或大趋势，是一种错误的想法。这个世界绝无义务去迎合人类的智慧。当你认为自己可以掌握"主流观念"时，这种想法可能会让你看不清自己能做的事，也就是（在紧要关头）把竞争对手远远地抛在脑后。

　　哈德逊在这里到底想说什么？我想他的意思是：这个世界充满了纠结不清的过程，而且彼此之间充满了紧张关系，这是事实。假如我们以为自己可以用简单的只言片语，就为这个复杂的系统（大趋势的基础）做个总结，那就是极度傲慢，而且必定是不正确的。

　　这些过程不会为了要让我们可以加以研究或分类，就慢下来或是变简单。它们会以自己的方式进行。人生中必然有一些东西是我们无法理解的，这并不表示我们应该放弃想要理解这个世界的企图，或是压抑所有的看法与推测；我们只要意识到，我们的看法会让我们看不见事实的其他部分，这样就够了。

　　在上面的文字中，哈德逊最后说，"自己能做的事"就是把竞争对手"远远地抛在脑后"。假如我没有误解他的意思，他应该是说，即使我们意识到大潮流可能会阻碍我们看清事实，但我们仍可以用我们的知识与判断力，赶在我们的竞争对手之前，完成我们该做的事。

　　哈德逊的看法有错吗？我难以反驳他。

　　我一直认为，做出长期预测的人，基本上都只是提出一个伪装成事实的假设而已。要反驳哈德逊的看法，最好的方法就是对他说：假如你提出一个趋势（即使只对自己说），然后努力设法让这个趋势实现，那么它就有可能成真——以这个情况来说，预测趋势是一种创造性的工具。假如我说，我预测会有更多人进戏院，于是我盖了一家戏院，把钱押在这个趋势之上，然后拼命想办法吸引人群进入这家戏院，让戏院的票房蒸蒸日上，那么我的看法是一种自我实现的预言，是一种对我有帮助的自我催眠，它帮助我努力向前进。

我该如何把这个观念应用在我的生活中呢？并不是所有的点子都应该马上被应用。但是假如我花一点精神，想想实际上执行的方法，也许下次当这个点子可以派上用场时，我就可以比较快地想起它。所以，我的答案是：我不需要到处告诉别人趋势是什么，但我也许可以在假设某些趋势为真的情况下来行事。

例如，假如某个客户过去曾给我一个两百美元的订单，所以我就把他当作两百美元的小客户来对待，我不是那么积极提供他实时的信息，也有可能不为他超时工作。我的行为注定了这个客户不会成长。但是反过来，假如我检视客户清单，发现有些客户的订单比较小，然后我可以尝试为这些客户提供两千美元的努力与服务。我会觉得自己将哈德逊的看法转变成自我成长的概念，而不是迎合哈德逊的目的，依循他的看法来处世。但是我要提醒我自己，趋势观察家与我都会认为自己的看法是对的，都认为我们知道这个世界的运作方法，然而，我们的假设与预测有可能大错特错。

你还想要另一个例子吗？以下是我试图要理解菲利普·克罗斯比

（Philip Crosby）《领导法则》（ *The Absolutes of Leadership* ）中的某个段落时所写的内容：

> 假如质量以传统的语言（例如"好"和"令人满意"）来定义时，没有人知道那代表什么意思。于是，质量变成了"当我看到时，我就会知道"这类的概念。人们会对某个东西有多好而争论不休。最好的做法是，让人们讨论要求与细节，而不是情绪。
>
> 我知道关于质量与质量管理的有效性，一直有许多争论存在（哇，我的语气好严肃哦，某些主题会让我的说话方式变得很严肃）。有许多得过国家质量奖的公司，在证明自己是质量管理领导者的几年后，就关门大吉了。但是克罗斯比对于人们应该处理"细节而不是情绪"的主张，是非常有道理的。（不过，他在这里使用"情绪"这词有点可惜，因为情绪往往与一般人对质量的细节认定有很大的关联。）
>
> 假如人们习惯用松散的一般论调来谈论事情（"我喜欢用这种方式做生意，因为这种方式很好"），那么就没什么好讨论或可以努力的空间了。同样地，假如我含糊地说"×流程应该可以更快完成"，这只点出了×流程的改善起点而已。
>
> 而"×流程应该可以更快完成"这句话可能会引发一连串尖锐的问题："更快？要多快？你所认定的快是什么？为什么要更快？客户会注意到我们加速完成这个流程吗？加速完成×流程会不会占用其他资源，以至于对公司产生不好的影响？我们可以干脆把×流程去掉吗？改善×流程会对其他流程产生连带的好处

吗？我们该如何加快×流程？有哪些方法可以改善×流程？请举出十种方法。其中，哪一种方法最可行？为什么？假如我们采用了其中一个方法，我们怎么知道这个方法是正确的？我们该如何将这个新方法变成×流程的一部分？假如我们把'改善方式'从×流程中去掉，我们需要向客户报告这件事吗？假如我们将'改善方式'移除了，该如何向其他人解释这个决定？假如这种改善动作发挥了效用，我们该如何将这种改善做法推广到公司的其他部分？"

我知道，此时你可能已经露出害怕（或是无聊）的神情，心里想着："马克真的要回答这些问题吗？"当然不是。

重点并不在于提出一堆没有意义的问题，而是这些问题可以被提出来，而且大多数应该要被我们提出来，即使有些问题的答案很简单。最重要的原则是：进行自由书写时，我们永远要抓住自己最有感觉的主题。

假如你在书写时提出了一个令自己非常兴奋的问题，那么就跟随它走吧，就像猎犬追着兔子跑一样。反正你稍后还是可以重回主题，把其他的部分写完。这是运用自由书写解决问题的好处之一：一旦付诸白纸黑字，思绪就跑不掉了。请不要把自由书写变成令人生畏的活动，它应该是你一天中最神采奕奕的时刻，就像用冷水从头上冲下来一样。

再回到我刚才的书写内容：

刚才讨论到要求与细节的部分当然很理想性，但是，我们公司不可能让顾问介入，进行全面性的质量改善。我还记得几年前，我曾经提议要让克罗斯比的人来看看我们公司的状况，结果高层认为不值得。也许他们是对的。

那么，我该如何从上述讨论质量的观念中，吸取精华呢？我又该如何将那些文字的精华应用在我的工作上呢？

作为一个业务人员，我可以询问客户：在他们和我的往来互动中，是什么东西决定了质量。是哪些实质的细节会让他们说："马克和他的公司非常优秀。"而又是哪些实质的细节，会让他们说："我希望马克和他的公司能做得更好。"

我现在最好把应该和客户讨论的问题，列个清单，因为他们有可能会遗漏一些一时间没想到的东西。那么，我想和他们讨论哪些问题呢？

业务方面：我们的联络够频繁吗？还是太频繁了？我们是否提供了必要的书籍产品与信息？我还可以为他们做些什么？其他公司为他们提供了哪些服务？我们的合作条件有竞争力吗？

出货方面：我们的书是否如期送达？这样的速度够快吗？我们的纸箱够坚固吗？包材是否合用？发票是否明确？

营销方面：他们是否需要我们提供任何信息？他们是否清楚了解我们的合作策略？是否善用了这些策略？他们是否上过我们公司的网站，上面是否有他们可以利用的东西？

会计方面：我们的配合度够不够？

很显然，在进行我的个人小型问卷调查之前，我必须先和公司内其他部门的主管谈一谈。我相信一定还有一些该问的重要问题，但我现在还没有想到。我也要请客户告诉我，与我们互动的过程中所产生的小故事（好的坏的故事都要）。有时候，一个生动的故事能比一长串抽象性叙述表达出更多的东西。

注意到了吗？我撷取了一个我原本无法应用在工作上的概念，然后设法从中得到最多的收获。

在与克罗斯比的观念进行一番辩论之后，我就比较能够了解他的意思了（虽然他本人可能会否认这一点）。更重要的是，我根据自己剖析的概念，得到了一个行动计划。是的，我确实执行了这个计划，而且得到了一些结果，然后我利用自由书写所提供的自由天地，继续追踪这些结果。

快书写，慢思考

● **记忆要点**

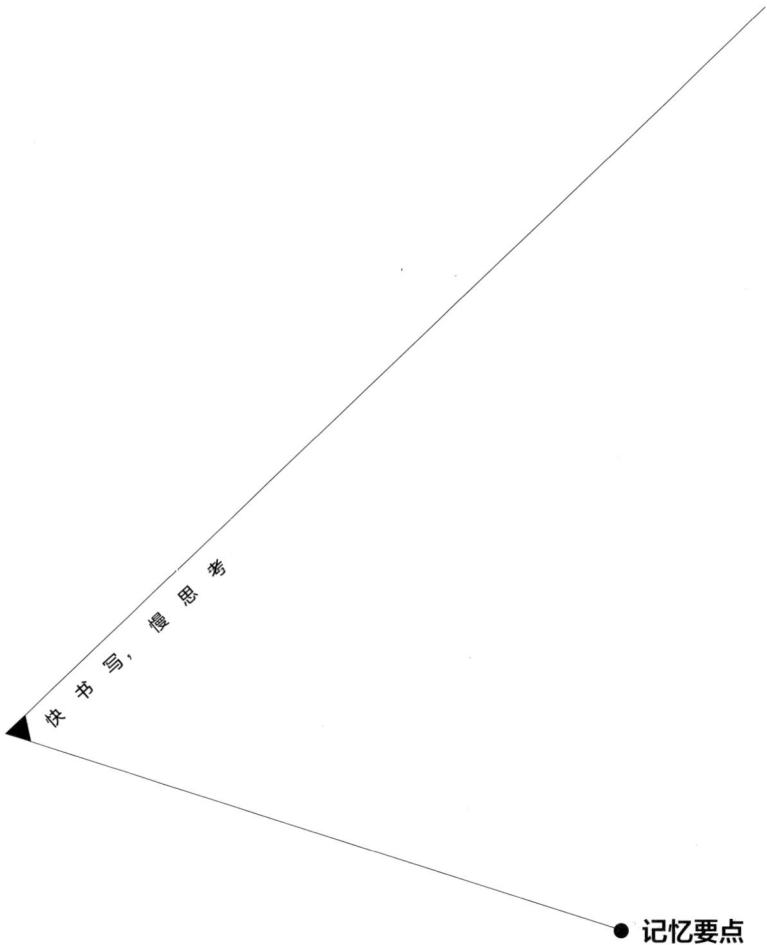

· 在阅读的过程中，将商管书变成专属于自己的东
西：画底线、折角、提问、争辩或同意论点，以
及在空白处写下心得笔记。你看商管书是为了得
到可行的概念，而得到可行概念最好的方法，就
是在阅读时采取行动。

快 书 写， 慢 思 考

记忆要点 ●

· 通过书写，试着将作者的观念应用在自己的生活
中。即使你不认同作者所说的话，你也可以通过
这个不认同，发现自己其实该做什么。把这个发
现写出来。

试一试

　　找出本书中最有价值和最没有价值的概念，各进行十分钟的自由书写。

你专注什么就成为什么

本章看似与书写无关，但其实不然。

当我十几岁时，我看到了一句令我终生难忘的话。这句话是美国哲学家爱默生（Emerson）所写的："竭尽全力发挥自我，因为你唯一拥有的就是你自己。"

我满怀热情地把这个句子整齐地抄在一张卡片上，然后小心翼翼地把这张卡片对折两次，随身携带。每当我觉得自己不如别人，急需勇气支持自己度过这种感受时，我就会用这句话帮助自己振作起来。

我真希望我可以告诉你，这句话从此改变了我的一生，爱默生的精神穿越了时空，充满了我的全身。但事实并非如此。事实是当皮夹变得越来越厚、不好携带时，我就把这张卡片给丢了。

然而，这句话的精神确实一直跟随着我，并且帮助我逐一完成人生中重要的目标：爱默生的话让我第一次领悟到，假如我要在人生中完成任何重要的大事，我都必须运用上天赐给我的能力。换句话说，除非我努力，否则我不可能突然之间变得更聪明、更有运动细胞，或是更加擅长某些事。

此外，爱默生的话也让我开始重视自己脑子里的东西，倒不是因为我有过人的聪明才智，而是因为那是我唯一拥有的资产。

　　我发现，假如我想要写书，我就必须专注于与写书有关的活动，包括阅读、文法、采访技巧等等。假如我想要成为一个业务员，我就必须专注于与销售有关的活动，诸如寻找新客户、赢得客户的喜爱、保持密切的往来等等。我所需要的技巧，并不会在我睡觉的时候从天上掉下来，我必须专注在这些事物上。

　　在某种意义上，我的关注焦点决定了我是个什么样的人。由于我过去花费了许多心力在出版业，所以我现在不是一个景观设计师或篮球运动员。由于我喜欢利用休闲时间研究魔术表演，于是我花在收集邮票或练习射飞刀上的时间就变少了。我的心思所在之处，也对我的人生产生了其他深远的影响。它不仅决定了我花费时间精力研究的对象，也决定了我会如何进行研究。观察敏锐的管理顾问杰夫·贝尔曼，曾经如此完美地诠释这个观念：

　　　　由于我曾在人力训练部门工作多年，所以我很习惯把绩效问题想成训练上的问题。尤其是在管理或人际关系的行为方面，我"知道"假如某个人的表现不佳，那是因为他缺乏这方面的知识，只要加以训练，情况就会改善。而我是一个训练师，只要我们两个合作，问题就可以解决了，这不是很好吗？但是，不令人意外的是，由于我现在已经不太从事人力训练方面的工作，所以我看事情的方式，又和以前大不相同了。

　　我也和贝尔曼一样，倾向于运用关注焦点所形成的偏见来处理问题。我觉得我的脑子会先进入惯性思考模式，从那里找寻解决问题的答案，而不是从开放的观点来处理问题。

到目前为止，我对个人关注焦点的看法听起来可能令人感到沮丧，因为这个主张代表了：我们会基于惯性，采取与略过某些思考途径。然而，关注焦点的影响无远弗届，即使在日常生活当中，它也决定了我们看得到与看不到的事物。

前几天，我突然注意到，我办公桌的电脑屏幕旁贴了一张便利贴。这张便利贴并不是凭空出现的，它是我在十四个月前贴上去的。

这张便利贴出现在我的视线范围内，每天超过八个小时，日复一日。但我只有在不小心碰到电脑时，才会注意到它的存在。基于某些原因，这张贴在电脑屏幕角落的便利贴，没有引起我的兴趣与关注。

就某方面来说，我非常了解自己的工作方式。我也"知道"假如便利贴上有很重要的信息，我会把它贴在电脑屏幕的正中央或是键盘上。对于应该处理的事，我会把它放在明显的地方，让它时时催促我去完成它，让它成为我关注的焦点。

这张边缘已经卷起的可怜便利贴，从去年春天开始，历经了四季，然后看着时序来到今年的夏天，它的上面有一行用铅笔写的字：去把大卫借的录像带和书拿回来。这个信息够重要，所以我并不想忘了这件事，但它也不是那么要紧，所以并不会促使我真正采取行动。这四百个工作日以来，我的关注焦点略过这张便利贴，告诉我还有其他更重要的事要办。

这则和关注焦点有关的小故事，是否引起你会心一笑？还是让你感到不屑？虽然本章进行到目前为止，我还未教你任何东西，但你一直是我关注的焦点。假如现在我们两个坐在一起，我会请你告诉我一些与关注焦点有关的故事。你可能告诉我你的职业是什么、你的兴趣是什么、你的家庭生活如何。我们会叫外送比萨。然后你继续告诉我，什么事会令你大为光火，而什么事又会令你乐不可支。我会问你，你认为你的关注焦点在这些事情上扮演了什么角色，而改变你的关注焦点，是否会改变你的生活方式。我会研究你的用词与兴奋时刻，找出这个观念已经"深植"于你脑海中的证据。不论我是否感觉到你相信这个观念，我都会给你一个小小的练习，一个类似戏法的东西，让你体验到转移注意力的感受。

不过，显然我们并没有坐在一起，所以我无法与你对话，或是和你分享比萨。但是我可以请你参与一个小小的游戏，感受一个神奇的体验，借此让你切身体验关注焦点的力量。

请你不要抬头，在心里把房间里所有红色的物品列出来。请你现在就开始做。

现在，请你看一下四周，你看到了几个红色的物品？在你读到这一页之前，你的关注焦点并不是放在红色的物品上，所以你没有留意到这类东西的存在。但是，当你将关注焦点放在红色物品上时，你就在四周发现了好几个这样的东西。

更进一步。假设我告诉你，如果你能在你的房间里找出一百件红色的物品，我就给你一千美元。见识一下关注焦点的威力吧！在我的（假设性）条件的驱使下，你不仅会指出所有显而易见的红色物品，还会展现出作家詹姆斯·乔伊斯（James Joyce）般的创造力："假如我转开电话筒，我可以看见红色的线路。假如我用回形针刺我的手指，我会看到红色的血。假如我把那个红色书架拆解开来，我就会得到六个红色的小书架。"

　　这是一个游戏,还是神奇的体验?假如你确实做了这个练习,我相信你会惊喜地发现,物品其实相当"飘忽不定",即使它一动不动地停留在你的视线范围内。当你将这本书合上之后,这个观念将会对你产生深远的影响。我想你会发现一个道理,在某种意义上,当你想找寻某个东西时,你就会发现它的存在;而当你没有刻意寻找时,重要的观念或资源有可能就等于不存在。

快书写，慢思考

● **记忆要点**

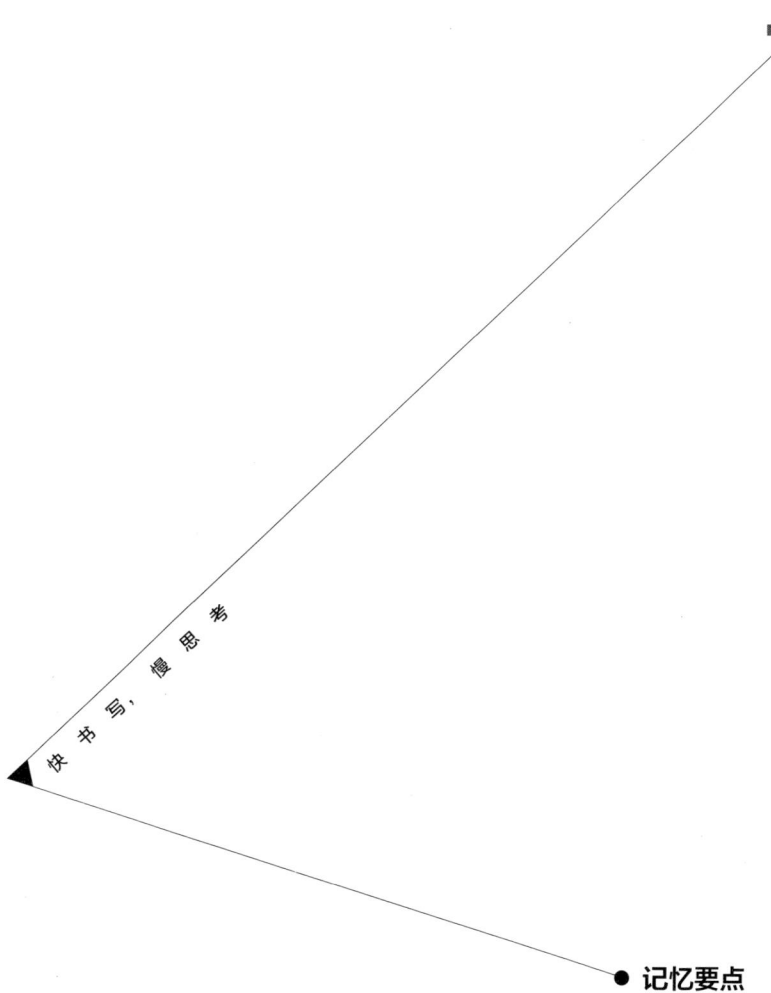

· 我们的关注焦点决定了我们会怎么度过一生。
· 运用自由书写让自己的关注焦点放在想追求的目
  标上（有时候，成功的人生中最重要的要素，是
  被埋藏在平凡的表象之下的）。

试
一
试

　　把计时器设定为二十分钟，然后开始自由书写，在书写中列出，你认为卓越人生的必要条件有哪些。请把具体与抽象的条件都包括在内。请你从这个清单中找出其中至少一项，并在接下来的三个小时内采取对策，加以实行。

第三部分

公 开 发 表

要有效地进行自由书写，你必须假定，每次的书写内容都只有你一个人可以看到。毕竟，就是这样的保密性，让你能够据实将所有的思绪都写在纸上。

但你可以也应该从你的自由书写内容中，挑选一些观点或段落出来，发表在博客和书上。这个单元将会教你一些诀窍与方法。

与他人分享未臻成熟的想法

大约在 1998 年或 1999 年时，我有了写书的构想，也就是本书第一版。要吸引出版社的兴趣，我必须先写一个策划提案给他们看。一想到要为一本我还没开始动手写的书写策划，我就感到不安。

这份策划书必须成熟完整，而且要有说服力。它要让出版社知道，我对这本书的一切内容已经了然于胸。

在这份策划书中，我必须提出这本书的论述，以及我如何将之具体呈现。我必须说明如何通过书页，带出我想表达的概念。我还要预测主要读者群市场，并解释为何这样预测。我也必须做竞争分析：市面上有哪些类似的书？我的书和那些书有什么不同？我必须拟订一个营销计划，展现我会倾全力推销这本书的决心。我必须谈到自己的背景，解释我为何是写这本书的最佳人选。我甚至得附上几个章节的内容，以证明我不只是能说而已，也确实可以写出足以吸引读者的内容。

这份策划书的分量要落在六十至九十页之间。有一本教导人们写策划案的书言之凿凿地说，少于六十页的提案会让出版社认为，我的构思比较适合写成杂志的文章；而多于九十页，则会让他们认为我的想法没有重点。

我不知道该从何下手，于是我打电话给我的经纪人卡尔·韦伯

（Karl Weber）。直到现在我仍然记得，那通电话立刻让我的心情平静了下来。在拨打那通电话以前，我的五脏六腑全纠结在一起。但当那通电话结束后，我已经迫不及待地要着手进行卡尔要我做的事了。

卡尔说，我应该把策划书的事完全忘掉。我要做的，是写一封信给他。他把这封信称之为"聊天信"。他要我把脑海中想到跟这本书有关的一切，以及我认为自己可以如何协助这本书的销售，全写下来。这封信只是朋友之间的轻松聊天，而不是一封正式又文绉绉的信。

这种信写起来很自在，就像沃尔夫写给杂志社编辑拜伦的备忘录一样（参见《据实书写的魔力》那一章）。我以"亲爱的卡尔"为信的开头，接着就任凭思绪驰骋，让脑海中想到的所有事实、故事、观点与恐惧，全都通过我的指尖释放出来。写这封信花了我好几个小时的时间。接下来，我和卡尔就有了可以讨论的素材，也就是一个起点。经过几个星期的来回讨论，卡尔和我将这封信变成了一本书的提案策划书，并且获得了出版社的青睐。

将自己的思绪与感受化为文字，可以让你从中获益，即使你并不是百分之百确定自己的思绪与感受到底是什么也没有关系。此外，与他人分享自己的思绪与感受，也可以让你有所收获。

把思绪写成文字给别人看，可以帮助你整理原本不成形的思绪；这些文字让他人有具体的东西可以回应你，这样的反馈将会对你有所帮助。同样地，你将思绪化为文字时所投注的精力与脑力，也会对你自己有所帮助。

卡尔当时所说的聊天信，我后来把它改称为"交流文"和"拼贴文"。我现在则称之为"聊天文"（我知道，这是个很大的改变）。聊天文是一种用来解决问题的文件，它呈现出你思绪流动的方向，而且你不必承诺任何事。你并不是在卖弄，也不需要明确的答案。这种文件很好写。

创作这种书写形式的一个好方法，就是运用卡尔告诉我的方式：以一个真实的人为对象，写一封信给他。这个对象要找谁？当然是一个你信任的人，这个人永远站在你这边，他关心你的想法，而且希望你好。如果可以的话，请在你正在构思的工作计划中，找一个参与其中的人，然后试着对他写一封这样的信。如此一来，他就可以根据这封信，给你一些意见。假如你在你的计划中找不到可以书写的对象，那么就找一个你可以信赖的局外人。

你会事先和这个人联络好，然后告诉他你会寄一封这样的信给他吗？如果是我，我会这样做。我会先确定他们有意愿帮我，有时间看这封信，而且了解我对他们的期望，也就是把他们觉得好的、不好的或是有趣的部分，通通告诉我。

到目前为止，还没有人拒绝过我的请求。但假设某人拒绝了，那么我就不会写给他。这样写信的方式有两个好处：其一是记录下自己的想法让别人了解你；其二是运用这些想法促成一段真正的对话。因此，假如对方拒绝了我，我就会再找别人。

你也可以对一个团体写信。当然，这种做法会比较复杂，因为你必须了解并且信任团体里的每一个人。

直接写信是创造聊天文的一种方法。还有另外一种方法是以自由拼贴的方式完成这封信，这种方法通常可以创造出更丰富的成果。你可以采用自己自由书写的一部分内容，然后加上别人写的东西，但不需要把这两者紧密结合起来，就算出现内容不连贯的情况也没有关系。

该如何创作一个拼贴思考的文件呢？首先，就像平常写信一样，先想出一个对象，这个人的品德与思维是值得你信赖的。

其次，针对你想要探讨的问题，进行一连串的自由书写。你要尽量从各种不同的角度来进攻你的主题：信息轰炸、任意离题、烂点子、好点子、词汇解析、纸上对话、令你讶异的场景、假设最佳的情境、假设最糟的情境。不论你想去哪里，都通过书写去到那里。尽情放胆地去写，因为没有人（包括你的对象在内）会看到你所写的全部内容。

当你把想说的话都说完之后，将无意义、情绪化、不理性的字眼删除，把有用的东西留下来。然后把一段段的文字重新排列组合，不要担心你无法解释自己为何要如此编排。因为拼贴是一种直觉式的创作，而不是理性的创作。

现在，把任何你想添加的东西放进这个拼贴作品里。你可以再多写一点东西，或是把别人写的东西加进去，如记者或是部落客写的文字（当然，一定要注明出处）。把你做过的访谈、曾尝试的策略、曾得出的假设、曾经照的相片、曾经画的图，挑选一些加进去。任何有助于你表达概念的东西，全可以放进去。

现在，把这份文件再看一遍。加进一些连接词，利用文字来标示顺序（例如，第一、第二、第三），或是画线标出段落的起始点。还是那句老话，不要担心连贯性或逻辑的问题。

做完之后，开始起草信的开头。向对方解释你在做什么。告诉他你正在思考的问题，以及你的思考方向；告诉他你希望听听他的意见；

让他知道，虽然他即将阅读的内容并不完全合乎逻辑，但却是你正在苦思的东西。

检查一下有没有错别字，然后就把信寄出去。

对方可以在你的信上批注意见，或是将意见写在另一个文件上。你们两人可以运用你的书写内容制作一个短片（"我知道头脑风暴会议即将在三天后进行，我的想法是……"），或是运用其他有创意的方法，让这个对话持续下去。

你想看看拼贴作品长什么样吗？以下是我创作出来的一个拼贴作品的一部分，我去掉了一些细节。此外，原始的文件总共有十页。请把下面的范例当作一个样本。假如它对你有帮助，那很好；假如没有帮助，那么就请你为自己做一个模板。

亲爱的 × ：

就像我在电话里告诉你的，有一个朋友请我为她的博客写一篇关于社群媒体的文章。虽然我已经当了十五年的作家，但我仍然不认为自己是个社群媒体的专家。我不知道该写些什么。我希望给她的读者一些可以用的东西，但是我不想外行假装内行。

你是社群媒体的行家，所以我想听听你对我的点子有什么指教。这些点子没有一个是完全成熟的，大部分是我将平常为客户咨询时所运用的策略，转换成社群媒体的情境而已。每个点子都是以探索性书写的方式呈现。

　　哪些点子可行？哪些点子不可行？希望你能提供一些意见给我做参考。

马克

　　我把第一个张贴主题称为"最好的策略假如没有付诸执行，就不是最好的策略"。这是我对客户说的话。它到底是什么意思？

　　当企业尝试推出的营销计划行不通时，他们就会来找我。他们也许成立了一个博客、一系列的白皮书、一堆宣传花招，或是其他的东西。

　　当我研究过他们的情况后，往往会发现，他们口头上说要执行计划，却吝于付诸行动。他们没有彻底执行，或者根本没有处理到重点。

　　我问他们为何要选择这个策略，一般的回答是：听说这是个完美的策略，最好的策略，而且大家都在用。

　　然而，他们没有考虑到自己的特性、人力与资源状况，也就是自己是否已经准备好了。企业和个人一样，适合这个人的东西可能会对那个人有害。

　　所谓客观的"最佳策略"并不存在。一个策略唯有经过执行，才能被称为最佳策略。假如你没有动机、人力或资源去彻底执行最佳策略，那么第二、第三策略就应该被提升到最佳策略的地位。要用热情来执行你的策略，热情很重要，兴奋感很重要，彻底执行很重要，完成也很重要。

　　我主张社群媒体要从第三策略做起。因为一般人负担不起电视广告和报纸杂志的广告,所以他们就采用自己喜爱而且有能力办到的方式,比如写博客与电子书,还有制作短片。

看看通过病毒营销流传的短片吧。这就是第三策略提升到最佳策略的例子。它背后的思考逻辑是:"我们没有钱拍一支'真正的'广告,我们负担不起专业摄影机、打灯、影片数据库和工作人员,也请不起广告公司编写剧本。但是我们买得起数位摄影机,所以我们一起构思点子,把影片拍出来,然后看看结果怎么样。"

我认为,这种用热情与动机执行的策略,不只是适用于媒体,也适用于文章书写。我看过克里斯·布洛根(Chris Brogan)和朱利安·史密斯(Julien Smith)在《信托代理》(*Trust Agents*)中引述的加里·维纳查克(Gary Vaynerchuk)说过的话:"假如你非常了解电影《完美陌生人》(*Perfect Strangers*),那就开始写它,把你的狂热全倾泻出来吧。假如你的人生是为纳斯卡赛车(NASCAR)而活,那么它就是你的书写主题。"

换句话说,不要只因为你认为自己应该针对某个主题书写,就去写它。假如这个主题无法打动你的心,你会写出很糟的东西。相反地,你应该写你深感兴趣的主题,即使对某些人来说,你感兴趣的主题是不重要或不恰当的。因为你的知识、喜好与狂热才是最重要的。

关于这个主题,我还有一些问题:

该如何事先分辨,哪个是最佳策略,哪个是第三策略呢?我的意思是,"我要继续做我最擅长的事",要这样说很容易。但是,假如你继续做某件事其实是因为你害怕尝试新的事物,又或者,假如你持续做的是行得通、但对成长没有帮助的事，那该怎么办？

假如你所擅长的事，是有时效性的，那该怎么办？例如，你是世界上最棒的马鞭制造商，你会一辈子制造马鞭吗？你会一直制造马鞭，同时推广使用马鞭的生活方式，借此吸引同好吗？

我把第二个主题称为……

记忆要点 ●

· 将自己的思绪与感受化为文字，可以让你从中获
益，即使你并不是百分之百地确定自己的思绪与
感受到底是什么，也没有关系。此外，与他人分
享自己稍纵即逝的思绪，也可以让你有所收获。
· 聊天文可以帮助你整理思绪，并将思绪与他人
分享。

快书写，慢思考

● **记忆要点**

· 要创作一个聊天文，你可以选择下列两种方法之一，或是两者并用：一、把自己的想法写在信上，给一个朋友或是同事看；二、撷取自由书写的内容片段，加以排列组合，变成一个拼贴作品。

· 事先了解你写信的对象是否有时间阅读你的聊天文。此外，先告诉他们，你希望他们给你什么样的反馈。

试一试

　　今天就和一个朋友或同事联络，问问他，你是否可以
寄一封信给他，信上写了你对某个问题的所有想法，而这
个问题正困扰着你。对方同意之后，你就可以花一两天的
时间，制作一份聊天文寄给对方。

帮助他人发挥思考能力

　　我是一个企业顾问。每当有客户找上我时，在我们第一次会面的前几天，一定会发生一件事：客户会打电话给我，要求一些"前置作业"。他们希望我给他们一份企业诊断分析的问卷，因为他们希望问卷可以透露出某些线索，让我们的第一次会面进行得更有成效。

　　然而，我从来不指派功课。原因是，这只是在浪费时间，包括他们的时间和我的时间。

　　当我刚开始从事顾问工作时，我看到其他同事都会让客户先做功课。于是，为了不让客户失望，我也给他们准备了问卷。通常他们要花上好几个小时的时间来填写，而我也要花好几个小时来研读。但是，我从来不曾从这些问卷中得到任何有用的东西，或是令我惊喜的内容。一次也没有。经过一段时间之后，我终于知道了原因。

　　企业之所以会向我这样的顾问寻求协助，是因为他们遇到了瓶颈。他们不仅重复同样的思考模式，而且也和同业采取同样的思考模式，至少在行销定位上是如此。我可以从他们回答的问卷上，清楚地看出这一点。

　　他们的答案所提到的东西，我在他们公司和竞争对手的网站上都找得到，单调无趣而且大同小异。具有个别性、独特性的东西都被修饰掉了。就连对于目标与贡献的描述，也以条例式的简短文字呈现。

这种制式思考的产物，对我们双方都没有任何帮助。唯有当他们的条理与秩序被打乱，我们才能共同成就一些东西。在某种意义上，他们必须忘了现在的自己，才能回想起原来的自己。

因此，我会运用各种方法，促使他们进入新的领域。其中一个方法（恐怕你已经猜到了），就是自由书写。我会让客户进行自由书写，然后运用书写内容作为我们讨论的起点。

运用客户的书写内容时，我会先让他们卸下心防。一开始我们会先闲聊一番。我会问对方一个中性的问题，如："你想开发的新客户是谁？"我们会讨论一些标准的问题，如各种产业的现状，以及它们所面临的问题。

然后，我会开始询问他们关于客户的事，把话题引导到比较有趣的地方。从这个时候开始，他们会说出比较有意义的东西，因为此时他们脑海中想的是真正的人，而不是某个类别的人。但是，这样还不够。

接下来我们会进入一个全新的领域。我问他们，他们最好的四或五个客户是谁。和谁的合作经历最愉快？我要他们说出细节：姓名、长相、年龄、地点、事件、场景、画面、对话的片段。

大多数客户从来没有想过这方面的事。即使有，往往也仅限于人口统计与心理特质的研究报告中出现的精美图表。

有时候，他们不知道该从何寻找这个"个人喜好"的清单。我可以从他们的姿势和表情看出来，他们的脑子正在搜寻概念，寻找一个开头。在这个时候，我必须打断他们，阻止他们过度思考。我会请他们打开电脑，开启一个空白的文字档，然后听我解释一个特别的思考方法。

我请他们以最好的客户为主题，进行十分钟的书写。但是这个书写内容和他们平常写的东西不同，并不需要拿给我，或是给任何人看。我不会请他们把内容大声念出来。事实上，他们可以在我们一讨论完，就立刻把书写内容删掉。

他们必须快速且不中断地书写十分钟，完全不必担心错别字、标点符号或是文法上的问题，也不必担心自己写的东西是否有趣或有用。他们可以从任何切入点开始书写，也可以随兴自由地偏离主题。

我会先示范该怎么做。我做出打字的动作，然后嘴里说：

> 好吧，李维要我谈谈我最喜欢的客户。我应该先列出一个清单吗？还是直接挑一个，然后就开始谈？直接挑一个好了，挑谁呢？
>
> 我第一个想到的是简·劳勒，她是一个很棒的客户，为什么？我还记得，她曾经向她的主管为我的决定辩护，因为她认为我们所做的事是对的。经过那次的事之后，我愿意为她两肋插刀。当我知道她百分之百支持我，我觉得自己可以完全专注在工作上。我一起床就开始想工作的事，并且乐在其中，忙得忘了吃饭。
>
> 所以简是我最喜欢的客户。下一个是谁？绝对不是克里斯·沃恩，我超讨厌他的，因为他老是把事情搞得很复杂。可是他的老板戴尔·福利就不同了，他是个很棒的人。我喜欢戴尔的原因是……

示范过后，我设定好计时器，请他们开始书写。假如他们的速度慢下来或是停下来，我就会催促他们："继续写，不要用脑袋想，用指头想。你可以在电脑里打出骂人的话，只要这样做可以帮助你决定接下来要写什么就好。"

当计时器响起时，我会问他们关于书写本身以及书写内容的相关问题。这种快速书写的方式，对他们是一种帮助，还是阻碍？在不看书写内容的情况下，这个书写的举动引发了哪些想法与画面？

毫无例外地，他们谈到了自己从来没有想过的事：他们之所以喜欢某个客户，是因为对方帮他们找到了十个新客户，而他们喜欢另一个客户的原因，是他会在每次项目结束时，为他们举办庆功派对。

尽管我告诉他们不需要把书写内容念出来，但他们就是想念给我听。就连自称不会写作的人也是如此。他们从来不曾以如此狂热的方式写东西，而书写所创造出来的点子与词汇，也往往令他们大为惊喜。他们以这样的成果为荣，这是愉快的成功经验。

接下来的活动也以同样的模式进行。我问他们问题，大家一起聊天。当他们的话题停留在表面，或是无法再深入时，我就会停止对话，请他们开始自由书写。有时候，他们会把脑子里的东西全倾倒出来，有时候，我会指派一个扭转观点的练习。例如，要他们试想某个谎言可能导致的结果。

重点在于，不要害怕把自由书写的方法介绍给别人。当你与客户或同事进行一对一的讨论时，自由书写是个很好用的工具，而在团体里使用，效果也一样好。我曾在会议室里带领小团体使用这个方法，也曾带领大型团体在外地训练时使用，甚至当我站在讲台上，对着五百个人演讲时，也不例外。

唯一要注意的事情是，你要给每个人足够的书写空间。假如他们处于摩肩接踵的状态，就不太可能据实书写，因为他们觉得旁边的人可能会偷看到自己写的内容。

虽然我们现在讨论的主题是自由书写，但我要告诉你一个技巧，这个技巧具备了自由书写的精神，但不需要动到纸笔。这个技巧是我从克里斯·巴雷斯－布朗（Chris Barez-Brown）的《踢屁股的创意》（*How to Have Kick-Ass Ideas*）学来的，叫作"脱口而出"。

这个技巧可以运用在团体，甚至是一大群人身上，但是我以一对一的情况来说明。

假设你有一个问题想要解决，或是想听听别人对某个机会的看法。找一个值得信赖的朋友，与他面对面而坐。

把计时器设定在七分钟，开始谈论这个机会的条件与状况。但是，不要用你平常的冷静态度来谈论，而是要用最快的速度，毫无保留地谈论它，除非为了喘口气而稍作停顿，否则不要停下来。基本上，你在进行的就是口头的自由书写。

当你说话时，你的朋友负责倾听，然后把重要的事实、故事或是概念简单记下来。

七分钟的时间到了之后，就轮到你的朋友了。他有三分钟的时间可以告诉你，他听到了什么，他也可以自由加入任何意见与想法。然后，换你把你觉得有趣的部分记下来。

三分钟的时间到了之后，把刚才的流程再进行一次。这次你有两分钟的时间，告诉你的朋友你听到了什么，以及你可以如何运用这些意见，作为你思考这个机会的参考。

　　我很喜欢这个技巧，而且曾经用在团体的活动上。这个技巧可以激发令人振奋的能量，让人滔滔不绝地谈论他们重视的事物。

　　你唯一要注意的是配对的安排。显然有竞争关系的人不适合被排在一起。也不要把下属和主管配在一起（他们的互动会很不自在）。根据我的经验，把不同产业的人配对在一起，效果最好，因为他们可以截然不同的观点来看问题。

快 书 写，慢 思 考

● **记忆要点**

· 向客户、同事、团队或是听众推荐自由书写的技巧。
但是，不要只是把它当作一个有趣的技巧来传授，
而是把它当作激发思维的方法，以解决某个问题。

· 让自由书写的内容保持私密性。要让对方清楚地
知道，除非他愿意，否则不必把书写内容念给别
人听。

随时留心身边发生的故事

当我正在进行某个计划，需要与某个人做访谈时，我总是提出能以故事的方式来回答的问题。这是因为故事中隐含了具有特殊意义且未经处理的元素，蕴藏了意识层面未经过滤的回忆。

有些人对实际发生的故事有很好的记忆力。我最喜爱的作家是约翰·沃豪斯（John Vorhaus），他写过多本推理小说和教导写作技巧的书，以及如何在牌局制胜的内容。我访问过他，在访谈当中，我请他告诉我一些与写作有关的小故事。以下是这些故事的节录：

故事一

我在信箱里看到了一个很大的信封，于是我将信封打开，把里面的东西倒出来。结果发现那是我写的《喜剧工具箱》（*The Comic Toolbox*），但是被撕成了碎片，信封中还附上了一封信。寄这封信的人说，他从这本书中得到的唯一收获，就是把它撕成碎片的快感。

并不是所有人都会喜欢你写的书。你没有办法控制这个部分，你只能接受它。但是，有一个部分是你可以控制的：你自己的那个部分，也就是写作的部分。

故事二

我参加一个街头的活动，摆了一个卖书的摊子。结果没有人在我的摊子前停下脚步。我不想一个人呆坐在那里，于是开始问路过的人："在你所知道的事物当中，你觉得最重要的是什么？"有一个人对我说，这是他所听过最棒的搭讪说法。我记住了这件事。六个月后，我参加了一个品酒会，并且用这句话认识了一位女士，这位女士后来成了我的老婆。

沃豪斯在访谈中还告诉我许多其他的小故事。他是不是知道我要请他说几个小故事，所以事先就准备好了？不是，我并没有事先知会他。所有的小故事都是他当场随口说出来的。他的迷人表现令我想起卢·威利特·施塔内克（Lou Willett Stanek）说过的话："故事只发生在会说故事的人身上。"

我们同样在过日子，大多数人往往连一个故事都说不出来。为何会如此？因为我们没有这个需要。我们的日常活动并不包括回想并转述故事这个项目。

但是沃豪斯就不同了，他是一位作家，他需要写作题材。他随时随地都把他看到的有趣画面记在脑子里，以备不时之需，然后将这些画面转化为一个个小故事。

并不是所有写作内容都是当我们对着电脑，或是拿着一支笔时产生的。大多数的内容是当我们打开一个信封，或是向异性搭讪时发生的。当你有写作的意图时，你就会开始留意身边的事物，并发挥创造力。日常生活成了你的创作素材来源。

部落客都深谙这个道理。除了忙着写书、拍短片、录音和演讲，戴维·米尔曼·斯科特（David Meerman Scott）每星期还要写三篇博客文章。他曾经告诉我，他从不让生活中的任何一件事白白溜走。发生的每件事都会变成故事，出现在他的写作中。

他说："我在罗根机场时，发现到处都听得到很大声的音乐。机场以为这是很好的服务，但是这些音乐其实让人觉得很烦。现代人已经不需要公开播放的音乐了，我们有 MP3、电脑、智能手机。当你为了公事得打电话时，没有人想要对着电话大吼，只因为背景太吵了。这样就可以写成一篇博客文章。坐在机场里，听到并非出自我们意愿的音乐，就可以写成一篇网络短文。"

安迪·奥洛克（Andy Orrock）在博客上写与薪资系统有关的文章，他的文章专门讨论与薪资系统设计和运作有关的问题。奥洛克说：

> 我把公司的日常工作情况都记录下来。假如我们觉得某个东西很有趣，我认为其他遇到类似问题的人也会觉得有趣。我的书写模式是，"我遇到的问题是……针对这个问题，我发现了……我是这样处理的……"读者会觉得，"这家公司真的了解我的情况。"他们会因此感谢我们。

事实上，奥洛克探讨了各式各样的系统问题，因此，他的博客很容易就会被搜寻到。

假如这个收集故事与题材的原则，听起来好像都和解决问题以及不愉快的经验有关，那么我必须表明，我不是故意的。生活中令人振奋的事件也同样值得我们留心与注意。

凯特·普莫尔（Kate Purmal）拥有数学学位，她在企业担任科技信息部门的主管，同时也是管理顾问。由于工作与教育背景的关系，她一直是个实事求是的人。然而，当她学习了自由书写术之后，她找到了一种方法，那就是将自己生活的其他方面与其他人分享。而让她改变思维的，其实是一个小故事。

有一天，普莫尔和她的小孩在自家后院玩，结果他们发现，他们养的那只三公斤重的虎斑猫"贝拉"正在爬树。贝拉正盯着一只停在高处的老鹰看，那只老鹰的体型是贝拉的两倍大。

贝拉慢慢地接近老鹰，结果老鹰先发制人，向它飞扑过来，于是贝拉赶紧退到隐秘的树丛里。当老鹰降落在某个枝头时，贝拉再次偷偷向它靠近。这样的来回攻击持续了好几分钟。最后，贝拉回到家里，少了几根羽毛的老鹰也飞走了。

这只小猫不屈不挠的精神让普莫尔深受感动，于是她决定要把这个小故事写出来。这是她以前不会做的事。普莫尔说：

> 一般来说，我觉得写这种小故事很丢脸，因为它和工作无关。但是，基于某个理由，我知道这个故事很重要，我必须把它写出来。自由书写时的忘我状态带给我很大的信心。我把故事拿给朋友看，他们都很喜欢。从此，我开始写博客。我会写与商业和科技有关的文章，但是我也会把类似"贝拉与老鹰"的事件写

成故事。

你要在生活中睁大眼睛，留意一些可写成故事的题材。一开始的时候，你可能会觉得很难找到值得写的东西。但是请记住：假如你觉得某个小故事、小细节或是观察心得很有趣，那么它大概也会让其他人感到有趣，因为人们的相似处其实多于不同点。

假如你不确定你收集的题材是否足够让你开始写作，那么我要给你的建议是：现在就开始写，而且要养成书写的习惯。假如你每天进行自由书写，你就会发现，当你开始书写后，写作题材就会源源不绝地涌现。有些题材会变成你创作的故事，有些题材则是你在生活中创造出来的。

快书写，慢思考

● **记忆要点**

· 当你开始为了公开发表而书写时，你的想法会跟
  着转变。你会从故事与题材的角度来看这个世界。
  你会更加留心周遭发生的一切。

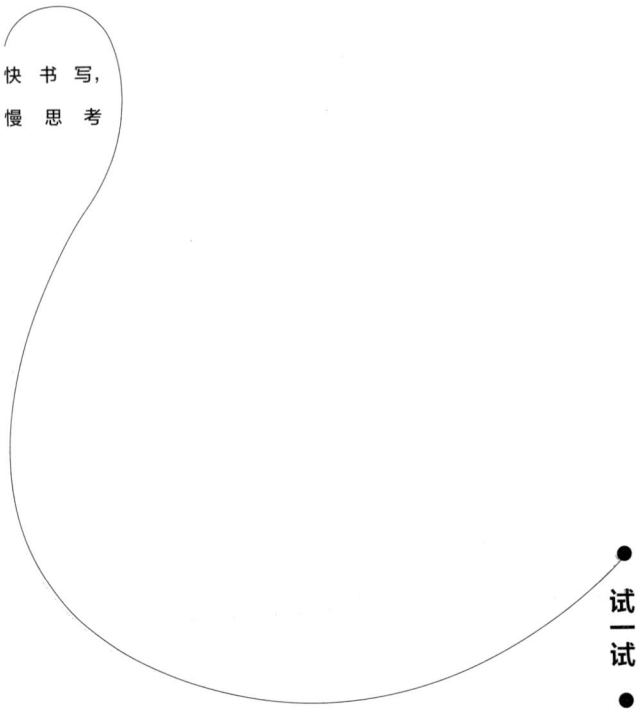

试一试

在下次进行自由书写时，说说自己的故事。

建立点子数据库

过去几年来，我养成了勤于书写的习惯。我写的东西有些后来变成了书的内容、博客文章或报纸杂志的文章。但是，正如你所想的，大部分时候，我进行书写只是为了要厘清自己的思绪。这是一种私人书写。我书写的目的不是公开发表，至少那不是我当时的目的。

我不会把探索性书写的内容删掉，而是把它变成未来公开发表文章的肥料。我的方法是：

首先，我会把书写内容都看一遍，看看里面是否有任何我想保留的东西，如点子、观察心得、故事以及假设。因为想不出更好的说法，所以我把这些东西称为"思绪片段"。

其次，当我找到有发展潜力的片段时，我就会把这段文字剪下来，贴在另一个文件里，这个文件里全都是主题相似的思绪片段。例如，某个书写片段提到了企业定位的事，我就会把它丢进名为"企业定位"的文件中。假如，某个片段谈到了宣传手法，我就会把它丢进名为"宣传手法"的文件中。我有一个资料夹，里面的文件涵盖了我常书写的各种主题。这些文件的名称一点也不花哨。例如，"营销策略""顾客经验""销售""现场简报""写作技巧""运动""笑话""童年""宠物"。每个文件包里都有数十甚至数百个主题相同的思绪片段。

顺带一提，这些思绪片段并不是零碎的片段，而是完整的想法。这一点很重要。假如我重读某个十年前写的思绪片段，我也能马上知道它的意思。例如，我的"企业定位"文件中有一个片段：

> 许多人在被要求用一两句话来说明自己的事业时，总是会紧张不已。但是，我们其实早就知道该怎么做了。这就像谈论电影一样。假如有人问你，你刚看过的那部电影在讲些什么，你不会详细叙述电影里的每个场景，而是挑出某个最有代表性的东西来讲："它讲的是，有一个机器人为了要保护它的创造者，而回到了过去。""那是一部关于极限滑板运动起源的纪录片。""那是丹尼尔·戴–刘易斯（Daniel Day-Lewis）的电影。"谈论你的事业就和谈论电影一样，并没有什么不同。

我的"销售"文件中的一个片段：

> 要证明自己的说辞，最好的方法就是提供产品或服务的样品。假如你卖的是花生，那么就给对方一小包试吃品。假如你卖的是软件，那么就提供六十天的试用期。假如你是生产力的顾问，那么就提供一个适用于这个潜在客户的小诀窍。你必须给别人一个毫无风险的试用机会，亲自体验你所要推销的东西，不然的话，很多人会认为，他们和其他人多多少少有些不同，你的产品或服务也许不适用于他们。

我的"写作技巧"文件中的一个片段：

　　我读到了唐纳德·默里所说的一句话，这句话对我犹如当头棒喝。他说，假如他得到了一份稿酬极高的写作工作，他就以下列这种方式完成：四个星期的研究，两个小时的书写，两个星期的改写。真没想到，在他的写作过程中，写初稿竟然只是一个极短的步骤。

我的"现场简报"文件中的一个片段：

　　我学到了一个在团体会议中打破僵局的好方法。准备工作：买一个海滩球，在上面用黑色马克笔写满一百个有趣或是尖锐的问题，例如："你希望自己从来不曾认识哪个人？""人们觉得你哪一点最迷人？""哪个最新的潮流最令你百思不得其解？"会议开始进行时，请所有人围成一圈站好，然后把球随便丢给一个人。接到球的人要大声说出自己的姓名，并且回答最靠近左手拇指的那个问题。然后，这个人再把球丢给另一个人，以此类推，每个人都会轮到。一个与美感有关的标记：我会从不同的角度，把各种问题用大小不同的字体写上去，这样看起来比较有美感。

我的"童年"文件中的一个片段：

　　我还记得，在我五六岁时，我曾抱着一盒麦片从超市跑回家，因为盒子里有很棒的玩具。是宇宙飞船珺？还是士兵？我已经不记得了。总之，我跑进厨房，找到妈妈用来炖牛肉的银色锅子，然后把盒子里的麦片全倒进锅子里。因为我觉得这样比较容易找到我要的玩具。结果，我错了，里面根本没有玩具。你必须先把盒子上的购买证明封条寄回去，才能得到玩具。整整二十年的时间，我没有再买过任何一盒那家的麦片。

　　现在，当我执行计划时，我会打开适当的文件，沉浸在思绪片段的天堂里，因为里面有好几百个片段可供我使用。有时候，我会把某个思绪片段原封不动地放进我正在写的东西里。有时候，我会加以修改，或是把好几个片段结合起来。另外，我也会运用思绪片段作为探索性书写的开端。

　　简言之，我的电脑里有一个点子数据库。我会预先储存点子、故事和散文在里面。当我在文件中找到合用的片段时，我会觉得自己好像在作弊。但既然我只是在抄袭自己的东西，所以罪恶很快就消失了。

　　运用这个方法可以帮助你更顺利、更快速地完成书写，同时也让你的书写内容更加真实。这是因为你所使用的片段是你先前思考处理过的东西，不是你因为没有灵感而勉强写出来的东西。

　　运用思绪片段的其他提醒：

　　　数据库里的东西要先经过整理，不可抱着"我的电脑里到处都有点子，需要的时候再找就好了"的心态。因为这种做法潜藏着祸端。当你有需要的时候，你会觉得时间压力很大，有百分之九十的可能，你会找不到你要的东西。你要在点子浮现时就加以归类整理。自家的草坪要时常整理，这样才会永葆翠绿。

这种做法的附带优点：你对点子和故事的印象会比较深。因为当你将思绪片段归档时，你必须花精力加以处理与判断，这些素材是主动储存到你的脑子里的。

有时候，某个片段很难加以归类。没问题，只要在每个相关的文件里都放一个副本就好了。

当我在文件中搜寻，并且找到某个思绪片段时，我会问自己两个问题：一、这个片段和我正在写的主题有什么关系？二、根据这个片段，我可以发展出什么样的文章？

懂了吗？思绪片段可以帮助我完成正在进行的工作，或是成为我写另一篇作品的起点。

当你检视书写内容时，在你把看似毫无新意的片段删除之前，请先三思。今日司空见惯的事物，有可能在明天变成黄金。例如，在我为企业定位的方法整理出一套自己的系统之前，我一直靠直觉来处理这类工作。所幸，我当时为客户寻找定位所进行的自由书写内容，我一直保留着，即使有许多部分在当时看来是显而易见的道理。后来当我重读那些书写内容时，我找到了遗忘已久的心得感想，那些心得帮助我创造出很棒的流程。

我担心你会以为这种善用思绪片段的方法，只能运用在自由书写上，其实不然。这个方法有时候完全不需用到自由书写上。有时候，我会在开车时得到灵感，于是我会在稍后找时间把

这个灵感放进某个合适的文件中。又或者，我写了一些后来发现
不能采用的东西，但是我会把其中能用的片段剪下来，贴在合适
的文件中。每个有趣的点子都应该被留存在你的文件里，不论你
是怎么得到这个点子的。

我留存在文件中的思绪片段通常不长：从几个句子到四分之三
页的篇幅都有。但是，说真的，长度其实没有任何限制，有时甚至
可以长达数十页。我是在 1997 年与雷·布莱伯利聊天时发现这件事
的。《火星编年史》（ *The Martian Chronicles* ）是布莱伯利的突破之
作，但在作者的眼中，它同时也是一本"意外写成的小说"。为什么
说是意外写成的呢？其实，布莱伯利并没有打算写一本书，他当时写
的是各自独立的短篇故事。后来有一个名叫沃特·布莱伯利（Walter
Bradbury）（和作者布莱伯利没有亲属关系）的编辑看了这些故事，
建议他把这些故事的背景设定在火星，然后以小说的形式出版。于
是布莱伯利将这个建议放在了心上。之后，他把其他多个短篇故事
结合起来，写成了《蒲公英酒》（ *Dandelion Wine* ）。另外，他从自
己写的故事、诗与剧本中撷取概念，写成了《绿影，白鲸》（ *Green
Shadows, White Whale* ）。以布莱伯利的情况来说，他的思绪片段是
以故事为单位。他将这些片段加以排列组合，创造出了新的作品。因
此，当你检视自己的书写内容时，不要替自己设限。不论片段长短，
你唯一要考虑的，是如何将它们融合在一起。

快 书 写, 慢 思 考

● **记忆要点**

· 假如写出来的东西可以加以利用，为何要将它丢
  弃？你可以将自由书写的内容切成多个片段，然
  后分别丢进各个适当命名的文件里。
· 运用思绪片段的两个方法：一、将它加入你正在
  写的作品里；二、作为另一个作品的起始概念。

试一试

现在，花一个小时的时间，把你的书写内容看一遍，并开始制作你自己的思绪片段收录文件。针对你最常书写的主题，成立各个文件。

为自己量身打造一套规则

即便是鼎鼎大名的海明威，也没办法一坐下就开始写作。他需要一些规则来支持他不断写下去。

他有一个规则和创作的字数有关。他规定自己每天一定要写五百至一千字出来，不论那天自己是否生病，或写作是否顺利。他甚至在墙上放了一个板子，专门用来统计字数。他的另一个规则是，每天的写作结束时，最后一个句子只能写一半。最后的思绪必须悬在那里，直到下次写作时才能完成。

字数要求以及不把最后的句子写完？海明威为何要使用这些小花招？

面对写作，就连海明威也会望而却步。要掌握适当的用字与情节安排，是一件极为困难的事。然而，在可以掌握每次写作的开头（"我必须完成昨天没写完的那个句子"）与结尾（"我可以在五百至一千字之间停下来"）的情况下，他就有信心面对前方未知的创作长路。

当然，海明威并不是唯一需要写作规则的人。假如我们在开始写作之前，知道自己该做些什么，而且知道自己办得到，那么我们的写作之路就会走得比较顺利。

假如我没有规划一天的写作时程，我就会拖拖拉拉的，迟迟不肯动手写作。我会和我的狗玩，回复电子邮件，甚至会把洗碗机里的碗盘收进橱柜里。这种拖延心态并不是刻意的，而是潜意识中的怯懦在作祟。有时候，我可能一整天连一个字也写不出来。

在头脑清醒的日子，我会在这种拖延心态出现之前设法摆脱它。就像海明威一样，我会为自己订下一些规则。通常，我会在前一晚，根据我想要达成的结果，决定次日要遵行哪些规则。

假如我决定要轻松写作，那么我的规则就类似跨栏选手的热身动作，我只做可以让自己放松的事。

我可能会使用的暖身活动之一，就是唱反调游戏。这是我从沃豪斯的《喜剧工具箱》里学到的概念。这个游戏的目的，是帮助人们写出情境喜剧或是其他喜剧的脚本。解释这个原则需要花一点时间，但是做起来既简单又好玩。

首先，先写下一个人、地、物的名称。不需要花费太多想象力，一般的东西就可以了。

其次，把这个人、地、物变成相反物。这是什么意思呢？假设你一开始写的是"黑猫"。那么，它的相反物可能是什么？因为大家对于黑猫的相反物没有普遍的共识，所以你有很多可能的答案。"白"可以是"黑"的相反，而"狗"可以是"猫"的相反。因此，"白狗"可以是"黑猫"的相反物。

但是，你也可以采取迷信的诉求：假如黑猫被视为厄运的象征，那么黑猫的相反物就是"好运"。于是，你就要写出："幸运的黑猫。"

假设你接下来写的是"臭鼬"，人们一般会把什么和臭鼬联想在一起？一种强烈的臭味。那么，它的相反物可能是什么呢？好闻的味道，甚至是香味。所以你可以写下："喷了香奈儿五号香水的臭鼬。"

你可以继续下去，先写下一些词汇，然后再把它变成严格或松散定义下的相反物。以下是一些例子：

害怕公开演说的政治人物

正经八百的喜剧演员

穿燕尾服工作的工人

让你一夜好眠的喉咙疼痛

砂纸做成的卫生纸

玻璃吹出来的锤子

没有标示字母的电脑键盘

浑身上下保持干燥的鱼

吸水之后还原成葡萄的葡萄干

里面塞了梅干的千层面

降下煤油的乌云

没有国旗的国家

以亚麻籽为基础的经济结构

当然，上列事物的相反物还有很大的想象空间。以最后一个例子"以亚麻籽为基础的经济结构"来说，直到 20 世纪 70 年代初期，全球经济结构还是以金本位为主。因此，我想颠覆的是这个概念。亚麻籽是黄金的相反物吗？有可能。黄金是一种极具价值的坚硬金属，而亚麻籽是一种几乎（相较之下）一文不值的脆弱植物。对我来说，这是合理的答案，至少对这个暖身活动来说是如此。

请注意一下，当你选择的词汇越明确时，它的相反物就越有趣。因为大部分的千层面里面塞的是肉类或蔬菜，所以塞了水果的千层面也可以算是相反物，而塞了梅干的千层面，差别就更大了。

当我玩唱反调的游戏时，我会设定二十分钟的时间限制。否则，我有可能会玩一整天。这种游戏会让你从截然不同的角度来看事情，而且还可以让你心情愉快。

暖身之后，我就会开始处理正事。当然，这个部分也有规则可遵循。

假如我想要激发新点子，我会采用的规则之一，就是先进行头脑风暴。但是我要激荡的不是解决方法，而是问题——我所能想到、与主题有关的所有问题。我为什么要针对问题进行头脑风暴呢？

一想到要想出解决方法，可能会让人焦虑不已。于是，我们往往会陷入"这些解决方法太糟糕了，我已经江郎才尽，永远也找不到答案"的思维。然而，针对问题进行头脑风暴，却是件轻而易举的事。你的答案永远不会错。

我会头脑风暴什么样的问题呢？不经思考，从任何角度想出来的任何问题都可以。

假设我想要为某个产品想出一个营销活动，那么我会提出什么样的问题呢？

这个产品的功用是什么？

为什么要开发这个产品？

它在哪方面比市面上其他类似的产品要好?

哪方面比别人差?

什么人可能会购买这个产品?

他们为什么会购买这个产品?

为什么有人会对这个产品没兴趣?

为什么有人会讨厌它?

为什么有人会喜欢它?

人们要如何得知这个产品的存在?

要如何创造口碑?

人们要通过何种途经购买这个产品?

在人们购买这个产品的五分钟前,他们在做什么?

这个产品的包装怎么样?

它的型号是什么?

库存有多少?

它的生产速度有多快?

它的制造成本是多少?

它的运送方式是什么?

质量保证包含哪些?

要如何处理退货?

我们有哪些资源可用?

我们缺乏哪些资源?

营销这个产品的最糟方法是什么?

营销这个产品的最佳方法是什么?

> 我最担心的是哪个部分？
>
> 我最放心的是哪个部分？

假如给我二十分钟的时间，我大概可以想出一百多个问题。当我把问题化为文字后，我就可以决定该回答哪些问题。

假如在暖身和激发新点子方面有规则可循，那么在写作方面就更是如此了，我有一大堆规则。

其中一项规则是，把写作和修改的步骤分开来做。假如你试着要同时书写与修改，你一定会疯掉。大卫·泰勒（David Taylor）把这种疯狂的举动称为"工作超载"，这种说法浅显易懂。写作是一项工作，让作品有如行云流水般流畅是另一项工作。想要同时做这两项工作，会让你的脑袋超载。结果就是，你的脑子会停摆，就像电脑接受过多指令时会死机一样。

因此，我会提醒自己：不要让自己工作超载，你一次只能做一件事。先想点子和写东西。随意发想一堆东西，用字不用讲求正确。当你写完之后，再来决定哪些东西要留，哪些东西要丢，以及如何让作品读起来更通顺。

关于写作的规则，还有最后一些想法：

> 我想说的是，假如你已经有一套可行的方法，那么就立刻开始写作。假如没有，就试着为自己建立一两个规则，让自己的思考与行为有规则可循。订下规则可以督促你开始写作，而且会让你持续写下去。因为你不会一直问自己："我接下来该做什么？"

规则包含了许多东西。例如，可尝试的练习、可遵循的技巧、可完成的工作、可引导你的哲理，或是可以支持你的其他设计。这些规则必须是可执行而且可测量的。它的主要功能不是带给你自信与平静，而是帮助你写出东西来。

你使用的规则必须是简单而不复杂的，而且是你可以做到的（成果好不好又是另外一回事了）。做大纲是一个好的规则；以第二人称的角度来尝试写作，也可以是一个好的规则；告诉自己，在一天的书写结束时，要写出五个版本的文章起头，也可以是一个好的规则。然而，要求自己写出来的东西必须能够改变你的人生，就是一个不好的规则了。

你可以尽情自由发挥，为自己设计一套游戏规则。这些规则的功能，在于帮助你将注意力集中在具体可行的事物上。此外，在我们遵守规则的同时，我们也有可能完成其他的东西。例如，假设你要写一篇关于财务管理方面的博客文章，眼看截稿日期已经快到了。于是，你给自己订下一个规则：你要设法把"美乃滋""雨刷"和"火星"这三个词汇写进这篇文章里，通过这种方式，把这项迫在眉睫的写作工作，变成了一个游戏。这是一个特别且可能有效的规则，因为你很可能会在遵守规则的同时，也把文章写出来了。

快 书 写，慢 思 考

记忆要点 ●

· 在要写作的前一天，给自己一些简单、容易遵循
  的规则，让自己有个专注的焦点。
· 不同的创作阶段需要不同的规则。你可以为暖身、
  激发点子、正式写作等阶段订下不同的规则。然而，
  千万不要因为这些规则，而变得束手束脚。制定
  规则的目的是帮助自己，好的规则可以让你完成
  该做的事。

试——**试**

　　想出一个写作的规则，现在就试试看。假如你一时想不出任何规则，那么就试试这个：针对某个问题，把所有最糟糕的解决方法都列出来——愚蠢、不可行、丢脸、令人不快或是危险的点子。

从自己着迷的事物着手

　　我的身份之一，是写作指导教练，我教导商界人士如何写书。在典型的初次会谈中，我的客户通常不知道该以什么为书的主题，于是他们就会开始猜测。他们告诉我，他们觉得市场需要什么样的书，以及他们可以推出什么样的书。然后，他们就开始抛出一些可能的主题。但是，我会制止他们这么做。

　　每本书都需要读者，因此，思考可能的读者是哪些人是一件重要的事。书也可以帮助作者达成事业上的目标，所以，从策略的角度思考如何利用一本书让事业更上一层楼，也很有道理。然而，太早考虑这些层面的问题，只会制造出一本平凡无奇的书。

　　作者常常一开始就会把关注焦点放错地方。他们关注的不是自己最擅长的事物，或是读者最想听的东西，而是努力想猜透读者的喜好，然后写出一本市场期待的书。

　　这个情况让我联想到一出情境喜剧，美国版的《办公室》(The Office)。剧中有一幕，当安迪被调职后，他想要讨新老板迈克尔的欢心，于是就巧妙地模仿老板的用词和语调。一开始的时候，迈克尔很喜欢安迪，因为他们两个人似乎非常相似。但是，经过一段时间，安迪的模仿行径开始惹人厌烦，因为他无法自己做决定，总是跟随老板的脚步。

在影片里，这种哈巴狗的行径惹人发笑。但在现实世界中，这是一种很可悲的行为。假如你想要写一本有原创性、有价值的书，借此展现自己最杰出的一面，那么你就必须采取主导的态度。

诚如埃里克·梅塞尔（Eric Maisel）所说的，写书可以创造意义。你要把一个原本不存在的东西带到这个世界上，你可以决定什么是适合的，什么是不适合的。

请把自己想成一个过滤器。你在这个世界上的生活经验，累积了无数的体验、想法、故事与回忆，对你来说，这些东西都是独一无二、意义重大的。因此，你的书应该从你脑子里的这个数据库出发。从这个丰富的宝库中撷取部分精华，你就可以创造出一本刻有你的个人印记，而且是世上绝无仅有的书。

当我与客户进行讨论时，我会请他们把别人的想法以及自己的成就先暂时放到一边，接着我会要他们列出一个清单。什么样的清单呢？在生活中令他们着迷的所有事物，不论是现在或是过去。我指的是像这样的清单：

·事实	·惊喜	·对话	·数字
·回忆	·艺术	·精辟见解	·营运模式
·戏剧	·偏见	·角色模式	·书籍
·趣闻逸事	·网页	·电影	·宠物哲学
·博客	·电视节目	·经历	·场景
·个案研究	·梦境	·争议	·怪诞的想法

- 类比　　· 诗歌　　· 流程　　· 笑话
- 方法　　· 谜语　　· 假设　　· 神话故事
- 风险　　· 旅游经验

不论好坏、大小、重要或琐碎，只要是他们觉得应该列出来的，就要毫不犹豫地加入清单中。不需要考虑为什么某些事物会令他们着迷，这些事物是否有写成书的价值，或是和他们的核心事业是否相关。他们唯一要做的，就是把自己有感觉的事物、令他们觉得闪闪发光的事物全列出来，不管理由为何。

我们再玩一个游戏：把浮现在客户脑海中的一切，都视为有潜在价值的写书题材。

他们可以用自己喜欢的任何方式来列这个清单。我会建议他们结合自由书写和做白日梦，在一天当中的任何时候进行。在他们列出清单后，我们才要开始思考潜在读者与目标的问题。

什么人是可能的读者？这群人和其他人有何不同？我的客户有资格告诉他们什么事？这些读者需要知道哪些事？他们最需要的是什么东西？他们最想通过我的客户，得到什么样的解决方法？哪些解决方法可以帮助我的客户，向事业目标迈进一步？什么样的书可以让每个人得到他最想要的东西？市场上需要什么样的书？

在讨论过上述问题后，我们会开始研究这份清单，把清单上的事项加以调整：移动位置、增加项目、加以归类、寻找主题。相信我，我们可以找到主题。就像爱德华·塔夫特（Edward Tufte）所说的：“整理资料可以带来精辟见解。”只要把现有的东西排列组合一番，就可以得到新的洞见。

从这些充满力量的事物中，我们可以找出书写的主题，以及大部分的材料。这些材料来自客户内心最真诚的部分，来自铭刻在他们大脑中令他们永难忘怀的记忆。

利用这种方法，所有人的需求都被照顾到了：作为意义创造者与商界成功人士的客户，以及读者。

现在，可以开始写作了。如此写成的书，比较有机会成为对读者有用、对作者有意义的书。

顺带一提，这种方法不限于写书。任何想说故事的人，都可以使用这个方法，不论所采用的媒介是什么。重点在于，找出大量的题材，然后加以裁切处理，找出最棒的部分加以利用。

快书写，慢思考

记忆要点 ●

· 假如你想写出重要的作品，不要先考虑市场的状
　况，因为它有可能把你带往一千个方向，而让你
　不知所措。因此，你该做的，是检视令自己着迷
　的事物，那些你深深喜爱且无法忘怀的事物。然
　后列出清单。

快书写，慢思考

● **记忆要点**

· 在这份清单中，寻找主题以及特别令你振奋的题
  材。要到这个时候，你才可以开始考虑市场的问题。
· 运用这些充满个人印记的丰富题材，再加上对读
  者的了解，创作出一本独一无二的作品。

自由书写直到作品完成

　　《顾问的天职》（*The Consultant's Calling*）以及《清清醒醒过一生》（*Your Signature Path*）的作者杰夫·贝尔曼，是一个思虑成熟的商业书作家。我曾问他，他的书是怎么写出来的。他说，他一开始并不打算写书，他只是进行探索性书写。你可以说，他的书是一路自由书写出来的。

　　当贝尔曼要开始书写时，他会先厘清自己正在思考的主题是什么，完全不去考虑该如何让其他人了解自己的想法。他不希望把文字变成生财、出名或是说服别人的工具。他认为太早考虑这些问题，会带来负面效果，因为它们会阻碍作者创造出有意义的作品。

　　在进行每次大约四个小时的书写时，贝尔曼会让思绪带着他走。他会设定一个主题，如"咨询"或是"组织"，然后就开始与自己进行纸上对话。他会追随离题的思绪，完全不去想写作风格与修改的事，也不回头看自己刚刚写出来的东西。当他写了十页的内容后，那天的工作就算结束了。

　　经过四至六周，他已经写了两百至三百页的内容。然后，他会把这些文字打印出来，读一遍，然后自问："我这里到底想说什么？哪些是对我有用的东西？哪些是对别人有用的东西？哪些是垃圾？"

当贝尔曼认为自己有重要的东西想要表达时，他才会考虑将这些文字变成书稿。他会检视自由书写的原始内容，找出可以作为书籍架构的材料。他说："当然，我不会给读者一堆骨头。"他会把这些材料组装成书的骨架，他要决定哪些概念是最重要的，哪些可以成为撑起全书的架构。

到了这个阶段，贝尔曼会检视自己创造出来的成果，然后自问："我是否提供了足够的内容来说明我的概念？"假如答案是肯定的，他就会继续添加内容，并加以修饰。假如答案是否定的，他就会把这些东西舍弃掉。

当贝尔曼和其他作者共同著作时，他甚至会采取边写边想的方法。《不凡的团队》（*Extraordinary Groups*）的创作就是一个很好的例子。贝尔曼和同事凯瑟琳·瑞安（Kathleen Ryan）一同讨论合作写书的计划。他们只知道这本书是以团队为主题，至于其他的部分，他们就毫无概念了。于是，瑞安开始进行研究，寻找可以放入书中的概念与故事。而贝尔曼则开始进行探索性书写。他说："我希望在听取别人的意见之前，先弄清楚自己的想法。"在书写了一百页左右时，他在书写内容中看到了可以与大众分享的东西。

我自己写书和写文章的方式也和贝尔曼类似。我会先进行探索性书写，不过我并不是无穷无尽地探索，而是遵守一些步骤和时间的限制。

假设我要写一篇文章。我会做的第一件事，就是用十分钟的自由书写让自己暖身，也许进行个两三段书写。一般来说，我不会碰触和工作有关的主题。我的书写主题通常是我注意到的某件全球大事、某个梦境、某个我想起来的故事、某个我看过的电视节目。我可能会玩一下唱反调的游戏（参见《为自己量身打造一套规则》那一章），或是采取引导句（参见《运用引导句》那一章）的方法。

暖身过后，我会针对文章的主题进行五六段自由书写。我会把我所知道的一切都丢到纸上，并且强迫自己每次都朝不同的方向思考。我会寻求令人惊讶的元素。此时我会运用词汇解析、列出最糟的点子、进行纸上对话之类的技巧。

你应该知道，这个时候我还没有开始写作。我写出来的还不是流畅的文句，而只是概念而已。我就像个在玩泥巴的孩子。假如此时有好的文句出现，那就是额外的收获，但那不在我的期待之中。

当我完成自由书写后，我会再看一遍内容，去芜存菁。不好的部分（语意不清、离题和偏颇的见解）我会删除或放到其他文件中，作为未来之用（参见《建立点子数据库》那一章）。好的部分（切题的概念、有趣的语句、值得深入探索的尝试）我会编排成大致上合理的顺序。我们暂且将这个成果称为"主文件"。

此时，我需要对这个主文件的内容，以及我还需要添加的部分，有个清楚的概念。于是，我会拿出笔记本和笔，把主文件看一遍。每读一段，我就在笔记本中将这个段落的主旨用一个句子加以摘要。

假如我写的是一篇与电梯简报（随文注1）有关的文章，而我写了以下文字：

> 当别人问你，你的职业是什么，而你却不知道该怎么回答时，你会觉得很丢脸。你当然知道自己的职业是什么，而且你做得很好，但不知怎么的，当你用语言来表达的时候，就是词不达

意。你明明就比自己描述的好很多。这个情况让你恨不得有个地洞可以钻下去。不知道该如何以清楚而且有趣的方式介绍自己，会让你的事业蒙受金钱上的损失，以及信心的动摇。

然后我会把上述这段话简述为："不知道该如何介绍自己的事业，是一件很丢脸的事，而且会让你蒙受金钱的损失与信心的动摇。"

当我为所有段落都写下摘要之后，我会把所有摘要文句读一遍，看看还有什么需要补充之处，然后把我想到的句子加在适当的地方。

完成这个动作之后，我的手中就有了一份大纲。这份大纲来自我对概念的深入思考，而不是出于形式所做的大纲。

根据这份大纲，我就可以开始写初稿了。初稿里面应该包含什么呢？我可能会针对前几次书写遗漏的部分，再次进行自由书写，然后把其中最好的部分剪贴到主文件里。只要有需要，我会不断重复这些流程：重写、剪贴与修饰。

我不会花太多心思与时间在任何一次书写上。我的同事巴里·塔希斯（Barry Tarshis）把这种做法称为"蘸酱油"。我会花一点时间处理我的主文件，然后把它放下，去做别的事。过几分钟、几个小时甚至几天之后，我会再回来进行一些加工。如此不断重复这个循环。"蘸酱油"的好处是：每当你对主文件进行加工时，比较能够以新的观点与重新燃起的热情来面对它，不会因为长时间处理而产生盲点。

我会何时完成一篇文章？我的答案是：视情况而定。我会根据文章要求的长度、有多少额外研究需要进行以及我还有多少既有的材料可用，来决定何时完成作品。不过我没有任何一件作品是真正完全完成的，因为我总是可以增减一些东西。只要有机会，即使是大文豪，也会不断修改自己的作品。诗人沃尔特·惠特曼（Walt Whitman）一共出版了六个不同版本的《草叶集》（*Leaves of Grass*）。当迪伦·托马斯（Dylan Thomas）在台上朗读时，也会当场修改自己的作品，还有莎士比亚的作品。

决定我何时完成作品的最关键因素是截稿日。我会问向我邀稿的人："你什么时候要这篇文章？"假如他说这个星期三，我就给他这星期三的版本；假如他说下星期五，我就给他下星期五的版本。由于我有比较多的时间可以处理下星期五的版本，这表示下星期五的版本会比这星期三的版本更好吗？我愿意这么想，但事实不一定如此。根据我对自己的了解，只要给我时间，我就会把作品拿来加工，因此有可能在无意间破坏了原有的文章。写作就是这么好玩。

快 书 写，慢 思 考

● **记忆要点**

· 自由书写是一种放任思考、天马行空的技巧，它
超越了传统的写作原则，激发出令人惊喜的结果。
尽管如此，你也可以利用它来创作一个精致洗练
的作品。

· 运用自由书写来创作的方法是：先进行几个暖身
的自由书写。然后，针对某个有意义的主题，进
行自由书写。把不好的部分丢掉，将剩下可用的

快书写，慢思考

记忆要点 ●

部分重新排列组合，写出大纲，让自己对已经写
成的部分有清楚的概念。加入补充的东西与连接
词。编辑、编辑、再编辑。作品就完成了！
· 即使是已经完成的作品，你仍然可以尽情地加以修
改。你应该知道，作品永远没有真正完成的一天。
如果是在星期三时，就把"星期三的版本"交出去吧。

●
试—试
●

马克·鲍登（Mark Bowden）曾说，一个作家应该永远都在进行最有企图心的作品。什么样的书写计划最能激发你的潜力，也最令你振奋呢？现在就开始运用自由书写来帮助你吧。

注：

　　电梯简报（elevator speech）：也有人说是电梯营销，指的是如果哪天你在电梯里巧遇某个重要人物，也许是潜在的投资人或值得请教的前辈，你要如何善用在电梯里短短的几秒钟时间，有效地把你的想法重点说出来。